직장인의 실용 독서
책이 답이다

직장인의 실용 독서

책이 답이다

초판 1쇄 발행 | 2017년 9월 20일

지 은 이 | 동종성
펴 낸 이 | 이성범
펴 낸 곳 | 도서출판 타래
책 임 편 집 | 정경숙
표지디자인 | 김인수
본문디자인 | 권정숙

주소 | 서울시 마포구 성지3길 29 그레이트빌딩 3층
전화 | (02)2277-9684~5 / 팩스 | (02)323-9686
전자우편 | taraepub@nate.com
출판등록 | 제2012-000232호

ISBN 978-89-8250-099-2 03320

- 이 책은 저작권법에 의해
  한국 내에서 보호를 받는 저작물이므로
  무단 전재와 무단 복제를 금합니다.
- 값은 뒤표지에 있습니다.
- 파본은 구입한 서점에서 교환해 드립니다.

* 이 도서는 한국출판문화산업진흥원의 출판콘텐츠 창작 자금을
  지원 받아 제작되었습니다.

직장인의 실용 독서

책이 답이다

동종성 지음

도서출판 **타래**

Prologue

삼성력 독서력,
직장인의 창의 두뇌는
독서에서 나온다

삼성전자에 다닌다고 하면 사람들의 반응은 둘 중 하나다. 부러워하거나 일벌레를 본 듯한 표정. 사실 그 둘은 같은 것일지도 모른다. 취업 전쟁시대에 일벌레는 부러움의 대상일망정 결코 멀리할 대상은 아니니 말이다. 어쨌든 우리에게는 긍정적으로든 부정적으로든 일만 열심히 하는 사람이라는 낙인 아닌 낙인이 찍혀 있다.

그러나 그건 삼성전자의 문화를 잘 모르고 하는 소리다. 당연한 얘기지만 삼성 직원들이라고 해서 일만 하지는 않는다. 우리 역시 커피 마시며 수다 떨고 노는 것을 좋아한다. 요는 다 같은 사람이라는 거다.

삼성에 다니는 사람이나 그렇지 않은 사람이나 자고, 먹고, 일하고, 노는 건 마찬가지다. 그러니 일만 하는 사람들이라는 생각은 멀리 던져 버리시라.

그런데, 삼성 직원들의 특성을 가장 잘 나타내는 건 무엇일까? 그리 먼 곳에서 찾을 필요는 없다. 회사 내에서 흔히 볼 수 있는 풍경, 임직원들이 대부분 좋아하는 것을 찾으면 확실하다. 그게 뭘까? 스마트폰? 자유로운 복장? 활발한 의사소통? 아니다. 삼성 직원들의 특성이 가장 잘 드러나는 것은 따로 있다. 바로 책이다.

삼성 직원들은 열심히 책을 읽는다. 언제 어디서나 책 읽는 것을 목격한다. 책과 함께 출근해서 책과 함께 퇴근한다. 가방 속에도, 손에도, 겨드랑이 사이에도 늘 책을 끼고 다닌다. 책을 통해 항상 배우려는 모습, 이게 바로 삼성 직원들의 특징이다.

책을 읽는 이유는 매우 다양하다. 회사에 입사한 후 비로소 책 읽기의 중요성을 알게 되었다는 사람도 있고, 원래 책을 좋아했는데 회사가 책을 읽는 분위기여서 더 좋다는 직원도 있다. 자기계발을 위해 책을 읽는다는 사람이 있는가 하면, 업무 스트레스를 날려 버리기 위해 책을 읽는

Prologue

사람도 있다. 물론 지식을 쌓고, 업무 역량을 강화하기 위한 지식 차원에서의 책 읽기는 기본 중의 기본이다.

얼핏 주관적인 감정으로 말하는 것처럼 보일지도 모르겠지만, 사실 삼성 직원들의 독서에 대한 관심은 나의 오랜 연구 대상이기도 했다. 그래서 틈나는 대로 조사했고, 지금도 여전히 더 많은 직원들의 의견을 듣기 위해 노력하고 있는 중이다.

나는 7년 전 사내 독서 동호회 '행복한 책'을 처음으로 만들었고, 회장직을 맡아 활발하게 활동하면서 삼성 직원들의 독서 습관을 보다 면밀히 관찰할 수 있었다. 그 결과 삼성 CEO들과 직원들의 책 읽기에 대해 나름 할 말이 생겼고, 그것을 이 책에서 쏟아내려고 한다.

아이러니하게도 스마트폰의 확산으로 인해 지금은 지하철에서 책 읽는 사람을 찾아보기 어렵게 됐지만, 디지털 문화에 종속된 인간은 결국 아날로그 문화로 회귀하게 되어 있다.

세상에는 불과 물이 함께 있어야 하는 것처럼, 인간은 디지털 문화와 함께 아날로그 문화를 균형 있게 즐겨야 한다. 그런데 아날로그 문화의 최상위 레벨이 바로 책이 아니겠는가.

본의 아니게 책과 멀어졌다면 이제 짜릿한 독서의 맛을 제대로 보기 위해 다시 한 번 책 읽기에 도전해 보는 것이 어떤가!

기대해도 좋을 것은 이 한 권의 책에 실려 있는 다채로운 독서 활동과 다양한 책 읽기 사례를 통해 당신만의 좋은 독서 습관을 개발할 수 있다는 것이다. 모쪼록 책 읽는 즐거움을 함께 누려보자.

Contents

Prologue | 삼성력 독서력,
직장인의 창의 두뇌는
독서에서 나온다

Reading 01 | 독서의 가치, 왜 책을 읽는가?

책은 스승이자 친구이다 / 014
인문이 풍부해야 삶이 행복하다 / 020
생각이 트이면 세상이 보인다 / 025
공유의 문화, 책이 사람을 만든다 / 029
삼성전자 직원들은 왜 책을 읽는가 / 033

Reading 02 창의 독서, 다르게 생각하고 새로운 관점을 갖자

관점을 바꾸는 질문 독서법 / 046
장점을 연결하고 시간을 확보하는 디지로그 독서법 / 051
소통을 극대화 하는 TOPIC 말하기 기법 / 056
창의적 문제 해결 방법(TRIZ)을 이용한 시 쓰기 프로그램 / 063
직장인의 고민 해결책, 휴먼 라이브러리 / 070
책을 분석하는 프레임웍, 북 캔버스 만들기 / 079

Reading 03 성장 독서, 타인의 생각을 읽고 나만의 생각을 쓰자

생각을 쓰면 답이 보인다 / 088
효과적인 독서를 위한 필사하기 노하우 / 094
글쓰기에 도움이 되는 서평 기법 / 100
자신이 무엇을 읽었는지 4행 일기로 족적을 남겨라 / 105
글쓰기 멘토를 통해 글쓰기를 개선하라 / 109
'행복한 책' 회원들의 다양한 독서 노트 활용법 / 117

Contents

Reading 04 실천 독서, 나눔의 기쁨을 맛보다

독서 목표를 세우고 실천하면 결과로 이어진다 / 126
배워서 남 주는 독서가 진짜 독서다 / 133
베스트셀러 도서를 통해 알아보는 실천 독서법 / 139
PPRCA 독서 노하우를 공유하다 / 145
북테인먼트를 통한 독서 교육 봉사 프로그램 실천 사례 / 150
외연도 책 나눔 봉사 활동 실천 사례 / 157

Reading 05 소통 독서, 삶을 즐기며 공유하다

함께 읽는 즐거움, 책으로 소통하라 / 168
열정락서로 소통의 장을 열다 / 173
아무도 알려 주지 않았던 비밀, 독서동호회 운영 노하우 / 178
독서 동호회 활동 사례 '북—플레이' / 189
독서 동호회 활동 사례 '북 어택, 서점 공략법' / 196
독서 동호회 활동 사례 '북토크 & 북워킹' / 202
독서 토론 사례 '미움 받을 용기' / 207

Reading 06

생각 독서, 인생의 의미를 찾다

삼성 CEO의 책답 1 '인생의 갈림길에서 어떤 선택을 할 것인가' / 222
삼성 CEO의 책답 2 '독서로 정신의 허기를 채워라' / 226
삼성 CEO의 책답 3 '책을 읽고 사색하는 사람은 100% 성공한다' / 230
삼성인의 생각 독서 1 '행복을 찾아 떠나는 인생 여행' / 235
삼성인의 생각 독서 2 '고전을 통해 나를 깨닫다' / 238
삼성인의 생각 독서 3 '인간과 인공지능에 대한 생각' / 241
삼성인의 생각 독서 4 '가족으로 산다는 것과 죽음의 서사' / 245
삼성인의 생각 독서 5 '고통의 순간이 있어야 값진 결과가 존재한다' / 249
삼성인의 생각 독서 6 '완전학습으로 교육의 미래를 열자' / 255

Epilogue / 262

"책 읽기는 완전한 사람을 만들고
토론은 부드러운 사람을 만들며
글쓰기는 정확한 사람을 만든다."

- 영국 철학자 프란시스 베이컨 -

Reading 1

독서의 가치, 왜 책을 읽는가?

INPUT이 있어야 OUTPUT이 있는 컴퓨터처럼 사람은 보고 느끼는 인지 능력을 통해 자신의 삶을 성찰해 나간다. 그런데 아무 것도 보지 않고, 아무 것도 생각지 않고, 아무 것도 깨닫지 못한다면 우리는 그 어떤 환경에서도 행복할 수 없다.

우리가 인문 고전에 큰 의미를 부여하는 것은 인문 고전이 인간을 인간답게 만드는 생각의 힘을 길러 주기 때문이다.

독서가 정신에 미치는 효과는 운동이 신체에 미치는 효과와 같다.

-영국의 문인 리처드 스틸-

책은 스승이자 친구이다

언젠가 회사 앞 해물탕 집에서 회식을 하다가 우연히 아는 얼굴과 마주쳤다. 사실 처음에는 대학 친구로 착각하고 대학 친구들 이름을 줄줄이 대다가 서로 알지 못해 머쓱해졌지만, 곧 그가 고등학교 친구라는 것을 인지했다. 그는 다른 사업부에서 근무하고 있는 고교 동창 J였다. 20년 만에 만났기에 우연치고는 정말 큰 우연이었다.

그와 같은 우연을 계기로 우리는 서로 공감대를 형성하며 급속히 가까워졌고 지금은 소울 메이트가 되었다.

친구 J는 고등학교 때 우리들의 영웅이었다. 항상 전교 1~2등을 놓치지 않았고 기억력도 남달랐다. 아무리 노력해도 원하는 성적이 나오지 않던 나에게는 정말 부러운 대상이 아닐 수 없었다.

우리나라 최고의 명문대를 나와 삼성전자에 입사한 J. 나는 호기심이 발동해서 그에게 많은 것을 물었다.

"예전에 너는 빠지지 않고 우리와 같이 놀았는데, 어떻게 항상 성적이 좋았냐? 너 사실은 우리 몰래 시험공부 무진장 열심히 한 거지?"

J는 싱긋 웃으며 솔직하게 내 물음에 답했다.

"동기 부여가 되었다고 하는 것이 맞을 거야. 난 현실을 뛰어넘고 싶었어. 우리 아버지는 초등 학력이 전부셨고, 어머니는 아예 학교에 발도 들여놓지 못하셨어. 그래서 공부에 대한 한이 많으셨지. 난 부모님의 배우지 못한 것에 대한 한탄을 들으면서 컸기 때문에 공부에 대한 열정이 컸어."

"그랬구나."

"하지만 그보다는 난 주변 친구들이 날 존중해 주는 것이 너무 좋았어. 왜 어느 학급이나 좀 노는 애들이 있었잖아. 걔들이 애들 괴롭혔던 거 너 기억나지? 그런데 걔들이 유독 나는 별로 건드리지 않아서 왜일까 생각했더니 내가 공부를 잘해서였더라고. 그런 맛에 공부를 했어."

"공부는 어떻게 했는데?"

"흐흐, 그게 궁금하구나? 사실 책의 힘이라고 할 수 있어. 너희와 같이 어울려 놀았지만 내 성적이 잘 나온 이유는 교과서 외의 책을 어렸을 때부터 많이 읽어 왔기 때문이야. 난 책의 전체 내용과 세부 내용을 읽고, 머릿속으로 정리하는 게 습관이 되었지."

"비밀은 책이었구나."

나는 고개를 끄덕였다.

J는 나와 많은 이야기를 나누며 서로의 속내를 털어놓았다. J는 학창시절에는 주어진 공부만 열심히 하면 주변사람들로부터 존중을 받았고, 모두가 자신을 좋아했지만, 사회에 나와서는 그러한 방식이 잘 먹히지 않는다고 했다. 그때는 좋은 결과를 보여주면 인정을 받았지만, 지금은 혼자만의 힘으로 되는 것이 아무것도 없다고 말했다.

기술적인 문제와 이슈를 제기하면 그에 대해 좋은 관점에서 해석하는 사람도 있지만, 다른 관점에서 문제 제기를 하는 사람이 많고, 갈등이 해결되지 않은 채 그와 같은 일이 반복되면 일을 진행하기가 힘들어진다는 것이었다. 결국 모든 것이 쉽지 않다는 이야기다. 그래서 요즘 고민도 많고 힘들다고 한다. 기술력은 뛰어난 친구지만 이런 기술력을 주변사람들에게 전달하고 설득하는 방법, 논리적으로 풀어가는 방식에는 서툴렀던 J를 보며 나는 불현듯 한 권의 책을 떠올렸다.

'CEO를 감동시키는 발표력의 비밀'은 이추경 저자가 회사를 방문했을 때 직강을 해 주었던 책으로, 이추경 저자는 커뮤니케이션 회사 대표이자 프레젠테이션 전문 강사다. 저자는 강의에서 발표를 잘 하기 위한 요소들뿐만 아니라, 평소 커뮤니케이션을 잘 하기 위한 표현의 기술 등을 잘 전달해 주었다.

회사에서의 일은 '설득의 연속'이라고 해도 과언이 아니다. 외부 고객들에게 회사 상품을 소개하는 영업 사원, 상품기획자, 제품을 구현하는 개발자 등 그 어느 누구를 막론하고 커뮤니케이션을 위해 전달력과 설득력을 갖추는 일은 매우 중요하다.

관련 부서들과 협업을 하거나 상사에게 업무 보고를 해야 하는 회사원들에게 있어서 발표력과 설득력은 필수 불가결한 요소다. 서점에 나와 있는 자기계발 도서 중 발표력과 관련된 도서들을 보면, CEO나 상사, 외부 고객들을 대상으로 한 설득 내용이 주를 이루고 있는데, 사실 가장 중요한 설득 대상자는 같이 일하는 동료(선배나 후배)이다. 본인이 하는 일과 업무 추진 방향에 대해 바로 옆에 있는 동료조차 이해시키지 못하고 공감을 얻지 못한다면, 상사나 CEO를 설득할 수 있겠는가? 설득은 가장 가까운 선배와 후배 동료로부터 시작되며, 그 다음이 상사와 CEO다.

'CEO를 감동시키는 발표력의 비밀'은 성공적인 발표를 위한 사전 준비, 발표하는 기술, 자세, 설득을 위한 화법과 돌발적인 상황에서 의연하게 대처하는 방법 등, 발표 과정에서 꼭 알고 있어야 하는 내용을 담고 있다. 그 중 'Yes, But 화법'이 가장 마음에 와 닿았던 이유는 평소 주변 동료들과 커뮤니케이션을 하면서 적용할 수 있는 부분이기도 하고 꾸준히 실천하여 효과를 많이 봤던 항목이기 때문이다.

회사에서 일을 하다 보면 주변 동료의 반론에 직면하는 경우가 많다. 그래서 내 주장만 펴다가 업무 추진 회의가 답보 상태로 진전이 없거나 결과 없는 회의가 되어 버린 경우도 많았다. 직장 동료들 또한 자기 생각이 받아들여지지 않으니 답답하기만 하고, 의견은 좁혀지지 않은 채 서로 자기주장만 하다가 회의가 끝나는 것이다.

의견 충돌이 생길 때는 상대의 의견을 존중하면서 경계심을 허무는 방법인 'Yes, But 화법'을 쓰는 것이 좋다. 상대의 말을 수용한다는 태도로 부드럽게 이야기하면 상대는 일단 경계심을 풀게 되므로, 그때 자기의 주장을 논리적으로 펴 나가면 된다. 또한 이런 과정 속에서 자기 논리가 맞지 않고 상대방의 의견에 충분히 일리가 있다고 판단되면 내 생각을 고칠 필요가 있다.

나는 J에게 이 책을 통해 습득한 기법을 내 삶에 적용한 사례를 들려주었다.

"그래 맞아! 나도 그런 고민을 많이 해. 내 주장과 의견을 관철하는 것이 너무 힘들더라고. 주변 사람들을 잘 설득해야 성과도 나고 인정을 받을 수 있는데, 그런 게 너무 힘들더라. 그래서 읽었던 책인데, 인상 깊었던 내용들을 내 삶에 적용하고 실천하다 보니 예전보다는 많이 좋아졌어. 상대방의 의견에 우선 동의(YES)해 주고, 또 좋은 점을 이해해 주고, 칭찬을 해주고,

그런 다음(But) 내 기술적 요소에 대해 논리성을 갖춰 전달했더니 효과가 있더라."

이렇게 책에서 얻은 지혜와 현장에서 쌓은 내 경험담을 진솔하게 들려주며 조언을 해주자, J는 널 만나 이야기를 나누니 많은 위로가 된다며 내 어깨를 툭툭 쳤다.

책은 세상으로 향한 문을 열어주는 평생의 스승이며, 내 곁에서 나를 지켜주는 고마운 친구다. 나는 J와 소통을 하면서 공감대를 형성한다는 것이 사람의 마음을 얼마나 기쁘게 하는지, 또 얼마나 많은 긍정적인 에너지를 전달하는지 다시 한 번 실감했다.

"친구야 고맙다." 라는 그의 말에 나는 웃으며 마음속으로 속삭였다. '책아 고맙다.'

좋은 책을 읽는 것은 과거 몇 세기의 가장 훌륭한 사람들과
이야기를 나누는 것과 같다.

-프랑스의 철학자 르네 데카르트-

인문이 풍부해야 삶이 행복하다

최근 인문학 열풍이 거세다. 세계의 유명 기업들뿐만 아니라, 국내 기업들 또한 직원을 채용할 때 인문학적 소양을 중요시한다. 취업준비생들이 손꼽아 입사를 희망하는 구글, 페이스북, 애플과 같은 글로벌 IT 업체들은 인문학적 통찰을 통해 미래 기술을 개발하고 있으며, 다양한 제품이 넘쳐나는 상품의 홍수 속에서 새로운 제품을 만들어야 하는 기업들 또한 점점 까다로워지는 인간의 욕구를 만족시켜야 하는 상황이므로 인간의 정신을 꿰뚫는 인재가 필요할 수밖에 없다.

그렇다면 인문학이란 무엇이고, 왜 그토록 중요한 것일까?

인문학(人文學, humanities)이란 자연과학의 상대적인 개념으로 주로 인간과 관련된 근원적인 문제나 사상, 문화 등을 대상으로 연구하는 학문 영

역을 지칭한다. 자연과학이 객관적인 자연현상을 다루는 학문인 것에 반해 인문학은 인간의 가치와 관련된 제반 문제를 연구의 영역으로 삼는다. (출처 : 학문명 백과, 형설출판사)

또한 우리가 쓰고 있는 인문(人文)이란 한자어는 사실 주역의 괘인 산화비(山火賁)에서 거론된 것이다. 산화비에 쓰인 인문 관련 문장을 살펴보면, 觀乎天文以察時變(관호천문이찰시변), 천문을 보고 때의 변화를 살피며, 觀乎人文以化成天下(관호인문이화성천하), 인문을 살펴서 천하와 화합한다고 되어 있다.

즉, 세상 만물과 조화를 이루기 위해 필요한 것이 인문인 것이다.

삼성전자의 '행복한 책' 독서 동호회는 자신의 삶을 성찰하고 진정한 행복을 찾자는 취지에서 자생적으로 만들어졌으며, 회원들은 각기 바쁜 삶 속에서도 인문을 제대로 알아야만 인생의 참된 의미를 깨달을 수 있다는 통찰 속에서 서로의 견문을 살핀다.

신입회원으로 행복한 책 동호회 문을 두드린 K는 엄친아 스타일로 매우 똑똑해 보였다. 자기소개를 하면서 머리 스타일을 10년 만에 오른쪽 가르마에서 왼쪽 가르마로 바꾸었더니 소소한 재미가 생긴다는 K의 말은 매우 신선했다. 그는 작은 변화를 통해 자칫 지루할 수 있는 하루하루에 새로운 활력을 주고 있었던 것이다.

K가 우리에게 던진 첫 한마디는 "저는 행복합니다."였다. 누군가에게 들려주고 싶어서 하는 말도 아니고, 그냥 상투적으로 튀어 나온 말도 아니

었다. 행복하다고 말하는 K는 진정으로 행복한 표정을 짓고 있었다.

솔직하게 행복을 토로하는 K의 한마디에 다들 호기심 어린 눈빛이다. 모두의 시선이 K에게 고정됐다.

"저는 요즘 감정 코칭 관련 책을 읽고 실천해 보고 있어요. 상대의 마음을 헤아려 본다는 것은 참 힘든 일이더군요. 고민도 많고 해서요. 감정 코칭 책을 읽고 그대로 아내에게 적용해 보니 제 마음도 좋아지고, 아내도 제 마음을 잘 이해해 주더군요. 이번 책을 통해 얻은 것이 무척 많았습니다. 감정을 다스리는 지혜를 배울 수 있었거든요. 아내와 저와의 관계가 좋아지니까 한결 마음도 편안해지고 아이들도 좋아하네요. 그래서 요즘은 행복을 느끼고 있어요."

그의 입가에 잔잔한 미소가 떠올랐다. 마치 결혼을 발표하는 예비 신랑의 모습과 같아 보였다. 하루하루를 경쟁하듯 살아가는 이들에게서는 볼 수 없는 진솔한 모습이었다.

행복은 큰 곳에서 오는 것이 아니라, 작은 변화에서부터 온다. 양치질을 왼손으로 하는 것이나, 평소에 쓰지 않는 손으로 밥을 먹는 것, K처럼 가르마의 방향을 바꾸어 다른 방향으로 머리 손질을 하는 것과 같은 작은 변화에서부터 행복은 시작된다.

우리는 미래의 행복을 위해서 현재의 작은 행복을 양보한다. 작은 고마움을 보지 못하고 살아가는 것이다. 책의 내용을 실천하고 삶이 바뀌는 모습을 지켜보는 것은 행복이다. 행복을 느끼고, 느낀 행복을 나눌 수 있는 곳이 있다는 사실은 직장에서의 또 다른 기쁨이다.

우리는 왜 살고 있는가! 인간이 살아가는 이유를 놓고도 의견이 분분하다. 철학자들은 삶의 본질을 깨닫고 참다운 행복을 누리기 위해서라고 하며, 특정 종교인들은 신이 내려준 사명을 감당하기 위해서라고 한다.

인간의 현실적 삶은 자신의 주관에 의해 결정된다. 아무리 풍족한 환경에 있어도 본인이 행복을 느끼지 못하면 그 풍족함은 쓸모없는 것이 되며, 아무리 절망적인 상황 속에서도 희망을 보는 사람의 삶은 행복하고 풍요롭다.

INPUT이 있어야 OUTPUT이 있는 컴퓨터처럼 사람은 보고 느끼는 인지 능력을 통해 자신의 삶을 성찰해 나간다. 그런데 아무 것도 보지 않고,

아무 것도 생각지 않고, 아무 것도 깨닫지 못한다면 우리는 그 어떤 환경에서도 행복할 수 없다.

우리가 인문 고전에 큰 의미를 부여하는 것은 인문 고전이 인간을 인간답게 만드는 생각의 힘을 길러주기 때문이다.

한 권의 책은 세계에 대한 하나의 버전이다.

-인도 출신의 영국 소설가 살만 루시디-

생각이 트이면 세상이 보인다

　최근 예일대학교 연구진이 'Social Science & Medicine'이라는 학술지에 발표한 내용을 보면, 책을 많이 읽을수록 수명이 늘어난다고 한다. 하루 30분 정도 책을 읽은 사람은 독서를 전혀 하지 않은 사람보다 사망 확률이 17% 낮아지고, 하루 30분 이상 책을 읽는 사람은 사망 확률이 23%나 줄어든다는 것이다. 종합해 보면 독서를 한 사람은 독서를 하지 않은 사람보다 2년 정도를 더 산다고 한다.

　우리는 흔히 식견이 좁은 사람을 두고 우물 안 개구리라는 표현을 자주 쓰는데, 사람은 이 세상에 태어나 자신이 알고 있는 만큼의 세계에서 살아가는 존재다. 물리적인 공간의 제약과 하루 24시간이란 한정된 시간으로 인해 우리는 반복적인 생활을 할 수밖에 없지만, 책을 통해 다양한 세상을 경험할 수 있고, 과거와 현재, 미래의 세계와 만날 수 있다. 결국 독서가 인간의 수명을 늘린다는 예일대 연구진의 발표는 인간의 뇌가 새로운 것들을 인식하고, 세상을 보는 눈이 밝아질수록 생명 유지에 대한 열망이 커진다는 것을 의미한다고 볼 수 있다.

로드 주드킨스는 '대체 불가능한 존재가 돼라'에서 인간의 호기심이 세상을 여는 열쇠임을 다음과 같이 설명하고 있다.

미래는 호기심이 많은 사람들 편에 있다. 호기심은 우리를 신이 나게 하고 경이로운 세계로 데려가며 쉴 새 없이 탐구해서 숨겨진 세계를 들여다보게 만든다. 그 결과 우리의 상상력에 불이 붙는다. 호기심은 많은 것을 성취하게 만드는 동력이다. 호기심에 이끌려 우리는 끊임없이 질문하고 발견하며 새로운 경지를 개척하게 된다. 아인슈타인이 남긴 유명한 말이 있다. "나에겐 특별한 재능이 없다. 내게 있는 건 열렬한 호기심뿐이다." 호기심을 가진 사람들은 허울 뒤에 감춰진 진실을 추구하고 배후에서 벌어지는 진짜 현실에 눈을 돌린다. 아인슈타인은 다음과 같은 설명을 덧붙였다. "중요한 것은 질문을 멈추지 않는 태도다. 호기심은 그 자체로 존재 이유가 있다. 영원한 존재와 생명이라는 신비, 얽히고설킨 현실의 경이로운 세계를 생각하면 경외감을 느끼지 않을 수 없다. 이런 신비를 날마다 조금씩 이해하는 것만으로도 우리의 삶은 풍요로워질 것이다."

새로운 것에 대한 호기심은 인간을 성장시킬 뿐만 아니라, 삶에 대한 욕구를 강렬하게 한다. 한창 성장 중에 있는 아이들은 세상에 대한 호기심으로 두 눈이 반짝이지만, 살 수 있는 날이 얼마 남지 않은 노인의 눈에는 그

어떤 호기심도 남아 있지 않다.

세계 최고의 독서가라 불리는 알베르토 망구엘은 '독서의 역사'에서 "독서란 단지 책이라는 형태를 통해, 문자로 기술된 메시지를 읽는 것만은 아니다. 세상의 모든 현상을 읽고 이해하는 행위, 이것 모두를 독서의 영역에 포함시켜야 한다. 그러므로 독서란 세상을 이해하는 수단이며, 첫 글자를 읽게 되는 엄숙한 경험은 세계의 한 일원으로 들어가는 통과 의례"라고 밝히고 있다.

'하버드 졸업장보다 소중한 것은 독서하는 습관이다.'라고 한 빌 게이츠나, '독서가 정신에 미치는 영향은 운동이 육체에 미치는 영향과 다르지 않다.'는 에디슨은 독서로 자신의 삶을 가꾼 사람들이다.

우리가 생각해 볼 것은 과연 '성공한 인생이란 무엇인가?' 하는 것이다. 부와 명예는 성공을 가늠하는 잣대가 될 수 없다. 한 사람의 삶이 성공적이었는가는 '자기 인생에 얼마만큼 만족하며 살았는가'를 놓고 평해야 한다. 한 권의 책을 읽고 새로운 세상에 눈을 뜬 사람과 순간의 쾌락을 즐긴 사람의 하루는 달라도 아주 많이 다르다. 한쪽은 문을 열고 상쾌한 공기를 들이마시지만, 다른 한쪽은 열린 문을 닫고 쾌쾌한 골방에 틀어박힌 것이나 진배없다.

책의 문은 언제나 열려 있다. 그 문으로 들어가기만 하면 새로운 세상이 열리며, 같은 책이라 하더라도 볼 때마다 새로운 의미를 전달한다. 인생의 모든 해결책이 책 속에 있으며, 책은 우리의 삶을 진리로 이끈다.

독서할 때 당신은 항상 가장 좋은 친구와 함께 있다.

-18세기 영국의 저술가 시드니 스미스-

공유의 문화, 책이 사람을 만든다

사회에 속한 인간은 결코 혼자일 수 없다. '인생이란 홀로됨과 같이함을 오가는 나룻배'라는 알베르 카뮈의 표현처럼, 인간은 사람들과의 관계 속에서 자신의 존재를 확인하는 형이상학적인 동물이다.

SNS를 통해 활발하게 소통하고 있는 우리는 '따로 또 같이'의 영역에서 무한히 자유롭다. 스마트폰만 집어 들면 언제 어디서든, 그 누구를 가리지 않고 소통할 수 있으며, 혼자이고 싶을 때는 스마트폰의 전원 버튼만 누르면 된다. '따로 또 같이'가 간단하게 실행되는 것이다.

SNS의 급속한 발전으로 지금은 지하철을 타면 모두가 고개를 숙인 채 스마트폰이 전달하는 공유의 문화 속으로 흠뻑 빠져 들어가지만, 어딘가 위태로운 구석이 있다.

그것은 정보의 일방성 때문으로, 대중매체의 선동적인 글귀나 영상들은 정보 공유자들의 판단력을 흐트러뜨리기 마련이다.

간단한 예를 하나 들어보자.

요즘 TV를 틀면 인기 연예인들이 토크 쇼에 등장해서 공황장애를 겪었다는 에피소드를 자주 털어놓곤 한다. 그들이 경험한 이야기를 종합해 보면 결국 실제 자신의 모습과 다르게 살아가는 것으로부터 비롯된 괴리감이 문제임을 알게 된다.

자신의 내면과 다른 자신의 모습을 연기하면서 살아가게 되면 결국 정체성에 혼란이 오게 되어 심한 불안감을 느낄 수밖에 없다.

현대인들의 질병 아닌 질병은 사실 일방적인 소통에서 비롯된 것이라고 해도 지나치지 않다. 우리는 끊임없이 쏟아져 나오는 새로운 정보의 홍수 속에서 서서히 나라는 존재의 가치를 잃어가고 있다. 받아들이는 것이 있으면 내보내는 것이 있어야 하고, 날것을 숙성된 것으로 처리하는 과정이 있어야 한다. 자연의 순환 과정처럼, 한 인간에게 있어서도 인생의 거름이 되는 사색의 과정과 표출의 과정이 반드시 필요하다.

인간은 사회적이기 때문에 타자의 시선을 통해 자신의 존재를 확인하는 버릇이 있다. 따라서 '따로 또 같이'는 사색과 표출을 가장 잘 대변하는 표현이라고 할 수 있으며, 가치 있는 책 읽기와 독서 토론을 통해 서로가 가진 가치를 공유하는 독서 동호회는 삶의 의미와 질을 높이는 아주 좋은 소통의 장이다.

우리는 현재 4차 산업혁명을 맞이하고 있다. 1차 산업혁명은 철도 · 증기기관의 발명 이후의 기계적 생산이었고 2차 산업혁명은 전기와 생산 조립 라인 등 대량 생산체계 구축, 3차 산업혁명은 반도체와 컴퓨터, 인터넷의 발달을 통한 정보 기술이다. 지금의 4차 산업혁명은 사물인터넷(IoT), 클라우드 등 정보통신기술(ICT)을 통해 인간과 인간, 사물과 사물, 인간과 사물이 상호 연결되고 빅데이터와 인공지능 등으로 지능화된 사회로 변화될 것으로 예측 된다. 이런 급변하는 시대적 상황 속에서 기업들은 인간을 보다 즐겁게 하는 미래 기술 개발에 보다 집중하고 있으며 인문 지식을 갖춘 창의 인재를 선호하고 있다. 한 기업의 인적 자원은 그 기업의 미래를 결정한다. 기업들이 인재 양성에 힘을 쏟는 이유는 상품은 모방할 수 있어도 직원 개개인이 발휘하는 창의력은 절대로 모방할 수 없기 때문이다.

인공지능이나 DNA와 같은 미래 성장 산업은 인간의 모든 것을 이해해야지만 발전시킬 수 있는 것들로, 인문학과 과학을 별도로 분리시키지 않고 융합해서 연구해야 한다. 그러자면 개발자의 인문학적 소양과 지식은 필수불가결한 요소가 된다. 즉 이제는 그 어떤 분야든 인문학이 기본이라는 것이다.

그렇다면 어떻게 해야 인문학적 소양을 높일 수 있을까? 정답은 이미 나와 있다. 책이다. 그런 의미에서 보면 교보문고를 창립한 신용호 회장의 '사람은 책을 만들고 책은 사람을 만든다'는 명언은 정말 멋지다. 책을 통하면 소통의 길이 열린다. 비단 나 자신과의 소통뿐 아니라, 세상의 모든 사람들이 공유하고 소통할 수 있는 책의 가치는 그래서 무한대다. 이보다 더 나은 공유의 가치를 제공하는 합리적인 제품을 나는 지금까지 본 적이 없다.

　SNS의 발달이 낳은 이 사회는 합리적인 공유 문화의 사회이다. 세계 전체가 둥근 공처럼 연결되어 있어, 공유의 가치가 끊임없이 재생산된다. 따라서 공유 문화의 플랫폼을 만드는 작업은 매우 중요한데, 자신이 가지고 있는 어떤 가치를 타인과 공유하게 되면 그 가치는 새로운 어떤 가치를 다시 재생산하게 된다. 그래서 공유는 나 자신을 위해서나, 내가 몸담고 있는 회사를 위해서나, 이 사회를 위해서나, 이 세계를 위해서 중요할 수밖에 없다.

　우리는 삼성이라는 거대한 조직 속에서 서로를 이어주는 공유의 가치로 책을 선택했고, 그 속에서 인문학적 소양을 키우며 공유의 기쁨을 맛보고 있다.

한 문장이라도 매일 조금씩 읽기로 결심하라. 하루 15분씩
시간을 내면 연말에는 변화가 느껴질 것이다.

−미국의 교육 행정가 호러스 맨−

삼성전자 직원들은 왜 책을 읽는가

나는 책을 쓰고 싶어서 책을 읽는다. 책을 쓰고 싶다고 생각한지 벌써 5년이 지났다. 어떻게 하면 책을 쓸 수 있을까 고민하다 결과물이 책인 만큼 많이 읽어야 한다고 생각했고, '책 쓰기' 강좌를 모티브로 해서 책 읽기에 열중하고 있다. 책 쓰기 강좌의 핵심은 컴퓨터에 적용한 '입력 – 프로세싱 – 출력'의 패러다임으로, 읽는 행위는 '입력'에 해당하고 책을 읽으며 사고하는 것은 '프로세싱', 글을 쓰는 것은 '출력'에 비유했다.

우리는 수많은 지식과 정보의 바다 속에서 살고 있지만, 지식을 어떤 방법으로 선별해야 할지 막막한 경우가 많다. 그에 따라 나는 인터넷에서 돌고 있는 요약 형태의 지식이 아니라, 책을 통해 감동을 받았던 핵심 내용을 직장 동료와 공유할 수 있다면 매우 유익할 것이라는 생각 속에서 '행복한

책 독서 동호회'라는 정보 공유 차원의 플랫폼을 기획했다.

  동호회 회원들은 모임에 참여하는 것만으로도 요약된 정보를 듣고 대화를 나눌 수 있게 되었으며, 발표를 할 때 정리된 언어로 전달함으로써 요약력 및 정리력이 배가 되었다.

  직장 동료들끼리 '서로의 스승이 되고 친구가 되자'는 모토 속에서 출발한 '행복한 책 독서 동호회'가 벌써 7년이 되었다. 같이 읽고 같이 활동하는 학습 조직이 본궤도에 오른 것이다.

  그런데, 왜 같이 읽고 같이 활동하는 것이 좋은 것일까? 다양한 유익이 있지만 대표적으로 3가지 정도를 꼽아 볼 수 있다.

  첫째, 함께 책을 읽으면 상대의 다른 관점을 통해 나의 편협한 생각을 확대할 수 있다. 상대방을 좀 더 이해하게 되고 상대의 감동을 면밀히 관찰하게 되므로, 나 자신과의 비교를 통해 마음이 풍족해진다.

  둘째, 책으로 소통하므로 공감 능력이 자연스럽게 커지고 경청 능력이 좋아진다. 이로 인해 상대방의 의견을 존중하는 자상함과 배려심을 갖게 된다.

  셋째, 정보의 바다 속에서 동료가 읽은 책을 소개 받으며 지적 자극과 만족감을 느낄 수 있다.

  자, 그렇다면 삼성전자 직원들은 왜 책을 읽는지 여러 가지 사례를 통해 한번 살펴보자.

1. 다양한 시각을 얻기 위해 읽는다

워킹맘 K는 깨우치기 위해서 책을 읽는다. K는 SW 아키텍트라는 직책으로 회사 내에서 '전문가'로 통하지만, 집에서는 두 아이의 자상한 엄마다. 업무와 육아를 거뜬히 해내는 워킹맘인 것이다. K는 여러 가지 역할을 하면서 책을 꾸준히 읽고 요약하여 교훈이 되는 내용을 회사 동료와 공유한다. 워킹맘이 아니라 슈퍼맘이다. 책을 왜 좋아하는지, 왜 읽는지 불쑥 물어봐도 거침없이 이야기하는 것을 보면 책을 좋아하는 사람은 모두 달변가라는 생각이 들 정도다. K는 책을 통해 깨우치고 알아가는 것이 재미있다고 한다. 원래부터 다양한 분야에 대한 지적 배고픔이 많았는데 책을 만나면서 풍족해졌다고 한다.

2. 나를 찾기 위해서 읽는다

U는 자신을 제대로 알기 위해서 책을 읽는다. U는 직장생활을 20년 하다 보니 너무 한곳에만 매몰된 것 같다는 생각이 들었고, 출근하면 같은 업무가 반복되는데, 현재의 전문성을 살리면 업무를 처리하는데 크게 어려움이 없지만, 그런 반복된 생활 속에서 다른 사람의 삶은 어떤지, 또 자신이 현재와 다른 삶을 살았다면 어느 위치에 있을지 궁금했다고 한다.

U는 다른 이들의 삶을 엿볼 수 있고, 많이 배울 수 있다면 자신은 더욱 성장할 것이며, 책이 얼마나 많은 영양분을 품고 있는지, '나 자신은 과연 어떤 존재인가'라는 생각 속에서 오랫동안 책을 읽어 왔다고 한다. 다양한 사람들의 생각을 엿보다 '아차' 하는 순간도 있었고, 책으로 자신이 겪어 보지 못한 경험을 하게 되는 것이 무엇보다 짜릿하다고 했다. U는 많은 책을

읽으며 자신의 생각이 하나의 고정관념인 것을 깨달았는데, 책을 통해 생각이 더 넓어지고 타인과의 소통 능력이 많이 좋아졌다고 한다.

U는 동료들과 같이 책을 읽으면서 상대방을 더욱 이해할 수 있게 되었으며, 같은 책을 같은 마음으로 읽은 것 같지만 서로가 다른 생각을 할 수 있다는 사실을 깨닫게 되었다고 한다.

3. 제대로 살고 있는지를 확인하기 위해 읽는다

O는 자신이 정말 제대로 살고 있는지, 자신을 돌아보기 위해 책을 읽는다. O는 책을 읽는 행위는 아침, 점심, 저녁으로 꾸준히 챙겨서 밥을 먹는 행위와 같으며, 밥을 먹어야 영양분이 보충이 되고 활동할 수 있듯이, 우리의 머리는 일정량의 새로운 공급이 필요하다고 생각한다.

O는 회사 생활이 바빠 내가 정말 잘 살고 있는지, 어느 정도 와 있는지 모르는 경우가 많은데, 앞으로만 달려가는 것이 아니라, 뒤를 돌아보고 싶을 때 책은 중요한 이정표가 된다고 한다. 그는 "바다에서 부표까지 수영을 할 때, 부표만 바라보면 내가 어디까지 왔는지 모르는 경우가 많다. 이럴 때는 수영을 잠깐 멈추고 뒤를 돌아다보면 육지에서 멀리 떨어진 나를 보게 된다. 그냥 부표만 보고 열심히 뛰다 보면 나를 잃고 사는 것 같다. 나를 돌아볼 수 있는 자극은 오직 '책'이다."라고 말하며, "같이 읽으면서 토론하면 다른 생각을 알 수 있게 되고, 비교를 통해 공통점을 발견하게 되며, 독서공동체의 구성원이 된다는 것을 느낄 수 있다. 이와 같은 순간에 나를 찾을 수 있다. 나의 모습이 뚜렷하게 나타나는 것을 느끼게 된다."고 강조한다.

4. 불안을 이기고, 퇴직 후의 삶을 위해 읽는다

현재 휴직 중인 J는 불안을 이기고 퇴직 후의 삶을 위해 책을 읽는다. J는 동료들의 기억 속에서 멀어져 버렸다는 생각으로 인해 불안감이 더욱 깊어졌고, 자신보다 먼저 퇴직한 사람들이 어떻게 사는지 무척 궁금했다고 한다. 하지만 남이 걸어간 길을 기웃거려 봤자 결코 도움이 되지 않는다는 것을 알게 되었고, 결국은 책을 통해서 그 불안감을 줄였다고 한다.

J는 "사람은 사람들과의 관계 속에서 삶을 살아가게 되는데, 책은 사람을 보는 눈을 키워 준다. 회사 생활에서는 사람을 읽어 내는 능력, 사람을 적시 적소에 배치하는 능력(용인술)이 중요하다. 그럭저럭 평균 이상으로 일을 마무리하는 사람이 있는가 하면, 어떤 사람은 제대로 일을 마무리하지 못한다. 관리자는 직원이 일의 마무리를 잘하느냐 못하느냐에 초점을 맞추기보다는 누가 변화에 더 잘 대응하는지를 관찰하여 변화에 잘 적응하는 사람을 써야 한다. 이런 용인술이 더욱 중요하고 용인술을 잘 구사하는 리더가 존경 받는다. 회사에서는 윗사람이든 아랫사람이든 사람을 보는 눈이 중요하다. 이 모든 것을 '책'을 통해 배우고 '사람'으로부터 배운다."며, 좋은 책은 삶을 살아가는데 있어서 큰 힘이 되며, 자신의 내공을 높이는 재료가 된다는 점을 밝혔다.

5. 즐거움과 만족감을 느끼기 위해 읽는다

G는 다양한 즐거움 속에서 또 하나의 만족을 위해 책을 읽는다고 한다.

G는 "나는 즐거움을 맛보기 위해 책을 읽는다. 소설은 재미있어서 읽고, 비문학은 내가 모르는 분야라서 읽는다. 산이 있으니 오르는 것과 같이 책

이 있으니 좋아서 읽는다. 책은 또 다른 나의 배움의 방법이다. 다른 사람과 같이 커피를 마시는 것은 커피가 좋아서 먹는 것이 아니다. 사람과의 관계를 위해서 먹는 것이다. 책은 여러 가지 즐거운 놀이 중의 하나다. 하지만 다른 즐거운 놀이를 즐기지 않고 책을 즐기는 것은 남는 것이 많아서다. 독서를 하면 내가 필요로 하는 지식이 남는다. 경제 관련 책을 보면 정보가 남고, 자기계발 도서를 보면 좀 더 열심히 살아야겠다는 생각이 남는다. 소설을 읽으면 즐겁고, 재미가 있고, 잡념이 없어진다."

G는 또 "나는 같이 읽으며 다른 사람들의 독서 방법을 배우고 싶었다. 우리 동호회 시스템은 분위기가 참 좋다. 책의 교훈과 통찰을 공유한다. 다른 사람의 교훈을 들을 때, 기분이 벅차오른다. 내가 읽지 않아도 두꺼운 책을 잘 요약해서 이야기해 준다. 다른 회원이 읽은 책에 자극을 받게 되고, 상대방이 읽는 책이 현재 어떤 책인지 알 수 있다. 독서 토론을 하다 보면 상대방의 성향과 다양한 관점이 있다는 것을 알게 된다. 동료들의 다양한 관점을 수용하다 보면 사고가 넓어져 더 올바른 의사 결정을 할 수가 있다. 더불어 가치관이 성숙되고 단편적으로 보고 판단한 나 자신이 부끄러울 때가 있다. 나의 경우에는 상대방을 이해하고 공감하는 능력이 모두 '책'에서 비롯되었다. 책은 관용과 배려심을 길러준다."며 책 예찬론을 펼쳤다.

6. 내 감정을 객관적으로 보기 위해 읽는다

C는 자신의 감정을 객관적으로 파악하기 위해 책을 읽는다. C는 "나는 소설책을 많이 읽는다. 책을 읽다 보면 감정이입이 된다. 책을 통해서 감정이 객관화되는 것을 느낀다. 그것은 일기를 쓰면 객관적인 시각으로 나를

바라보게 되는 것과 같은 이치다. 생각을 글로 정리하다 보면 마음까지 잘 정리되는 것을 느낄 수 있는데, 책이 바로 이런 역할을 한다. 책을 읽다 보면 내가 책 속의 주인공이 되고 그 사람의 삶을 살아 보게 된다. 그러면서 주인공의 감정으로 세상을 보게 된다. 누군가와 사귀게 되고 이별하게 되는 과정을 간접 경험하면서 내 삶에 투영해 보기도 한다. 결국 내 감정을 좀 더 객관화해 볼 수 있는 것이다. 시집은 스트레스 해소 또는 힐링용으로 많이 읽는다. 몰입을 통해 다른 것을 잊고 싶어서다."라고 말한다.

7. 다른 삶을 알기 위해 읽는다

L은 다른 삶을 체험해 보고 싶어서 책을 읽는다. L은 "어떤 책이냐에 따라 체험의 정도가 다르다. 소설책인 경우 카타르시스가 필요하다. 주변 사람들을 돌아보기도 하고 내 감정에 젖어 눈물을 흘리기도 한다. 감수성이 충만할 때는 소설을 읽는다. 금요일 밤 자정 무렵에는 3~4시간 만에 한 권의 책을 다 읽는데, 이때 감정을 훑어 내리는 경우가 있다. 다른 사람의 삶을 직접 체험하기는 힘들지만, 책을 통해 간접 경험을 하면서 그 사람의 삶을 생각해 보게 된다."며, "자기계발서는 어떻게 사는 것이 맞는지, 어떻게 살아가야 되는지 모를 때 읽게 된다. 자기계발서를 읽으며 반성하는 시간을 갖는다. 자기계발서는 금방 읽히는 경우가 있고, 시간을 들여서 꼼꼼히 읽어야 하는 경우가 있다. 책을 읽기 전과 지금의 내가 다른 경우가 많다."고 말했다.

그는 또한 "인생은 무엇이라 생각하는가? 나는 '백지 노트'라고 생각한다. 처음 태어났을 때는 책의 표지처럼 화려하거나 허접할 수 있지만, 백지 노트에 한 장 한 장 써 내려 가는 것이 독서이다. 사람들과 생각을 나눌 때, 나이는 상관이 없다. 책을 읽고 나누는 느낌은 하나로 일관되지 않는다. 서로의 경험이 다르면 다른 생각을 하게 된다. 나는 '카네기 인간관계론'이 너무나도 좋다. 이 책을 읽기 전에는 나를 중심으로 세상을 바라 봤지만, 읽고 난 후에는 '상대방은 어떤 생각을 할까?'를 고민한다. 내 입장뿐 아니라 상대방을 같이 고려하게 된 것이다. 나는 처음부터 끝까지 혼자 읽는 것이 독서라고 생각했다. 그런데 같이 읽다 보면 책을 읽는 것이 아니라, 상대방이 읽은 책의 어떤 부분이 중요한지, 어떤 부분에서 감명을 받았는지를 관찰하다 보면 마음이 풍부해진다는 것을 알게 된다. 결국 누군가의 의견과 나의 의견을 자연스럽게 비교하게 되고, 여러 가지 시각을 동시에 고려해 볼 수 있기 때문에 같이 읽는 것을 좋아하게 되었다."고 말한다.

8. 마음의 안정과 힐링을 위해 읽는다

R은 마음의 안정과 힐링을 위해서 책을 읽는다. 그는 "사람이 무엇인가를 좋아하면 본능이 작용한다. 혼자 조용히 책을 읽는 것이 내 성향에 맞는다. 조용한 시간을 갖는 것이 좋다. 정보를 얻는 것보다는 필사독을 할 때 너무 좋다. 법정 스님의 책을 읽고 필사독을 할 때 마음이 안정된다. 책을 읽으면 정보 습득보다는 기분 전환이 된다. 가만히 있으면 자연스럽게 일을 생각하게 되는데, 필사독을 할 때만큼은 나만의 명상이 이루어져 많은 힐링이 된다. 나는 번아웃될 때 시간을 내어 필사독을 한다. 조용히 읽는다. 에너지가 소진될 때 필사독으로 충전하는데, 주로 일요일 밤에 읽고 베껴 쓴다. 컨디션이 안 좋을 때는 필사독 분량이 많아진다. 필사독으로 선택한 대

표적인 책은 법정 스님의 '살아 있는 것은 다 행복하라', 데이비드 홉킨스의 '놓아 버림'이다. 같이 읽기를 위해 매주 내용을 공유한다. 책의 내용을 들으며 공감을 하고 내 이야기를 덧붙이는 것이 좋았다. 같이 읽기는 상대방과 나와의 거리를 더욱 가깝게 하며, 같이 맞대어 생각을 공유하는 것은 영적인 거리를 가깝게 했다."며 책의 정서적 가치를 평가했다.

9. 독서가 습관이 되어 읽는다

S는 반복적으로 책을 읽다 보니 독서가 습관이 되어 계속적으로 책을 읽는다.

S는 "어렸을 때는 누군가에게 똑똑해 보이고 싶어서 읽었지만, 지금은 독서가 습관이 되었다. 독서 습관이 몸에 밴 지는 벌서 10년이 넘었다. 읽는 속도도 빨라졌다. 자기계발서는 잘 읽지 않고 문학, 역사, 철학을 많이 읽었다. 책을 많이 읽다 보니 다양한 소재가 있어 대화를 끌어가기가 편하고 콘텐츠를 빨리 잡아내는 능력이 좋아졌다."며, "같이 읽기의 장점은 서로의 차이점을 발견하는 것이다. 모든 사람은 자기만의 렌즈를 가지고 있는데, 자기의 왜곡된 시각을 찾아내는 것이 중요하다. 다양성을 이해하고 공통점이 아닌 차이점에서 통찰을 느낀다. 지구와 화성은 행성이라는 공통점을 찾아내는 것이 아니라, 서로 다른 점을 찾을 수 있어야 한다. 인간의 기본적인 차이를 먼저 인지해야 발전할 수 있다."고 하면서 함께 하는 독서의 장점에 대해 자신의 의견을 밝혔다.

10. 지적 호기심으로 읽는다

A는 지적 호기심을 충족시키기 위해 책을 읽는다. A는 "호기심과 궁금한 것을 채우기 위해서 읽는다. 궁금한 것이 많아 책에서 답을 구했다. 중학교 때는 코스모스와 상대성 이론에 대한 책을 많이 봤다. 성인이 되면서 경영서와 자기계발서를 많이 읽었다. 지식은 인터넷과 동영상을 통해 얻을 수 있으나, 골라서만 읽게 되고 장르별로 찾아보기도 어렵다. 디지털보다는 사람의 감성이 묻어나는 아날로그 형태의 책이 좋다."면서 "퍼실리테이션을 배울 때는 '모든 리더는 퍼실리테이터다'라는 책을 읽었다. 책을 소개하면서 아는 사람들이 많아지고, 네트워크가 네트워크로 연결되었다. 강의와 회의 진행 실력도 늘었다. 같은 책을 여러 사람에게 선물하기도 했다. 사람마다 구조나 패턴, 경험이 다르니, 같은 책이라는 콘텐츠를 만났어도 반응하는 부분이 다른 것을 느꼈다. 그만큼 서로 느끼는 통찰 부분이 분명히 다른 것이다. 같은 책을 보더라도 각기 다른 부분에서 통찰과 깨달음을 얻는다. 내가 얻을 수 없는 관점이 분명히 있다. 사람마다 한정된 사고 방식이나 고정 관점이 있는데, 함께 읽기는 나를 벗어나게 만들고 다양한 기회를 제공하며 아이디어를 촉발시킨다."며, 학문적 호기심을 만족시키는 책의 역할을 높이 평가했다.

Reading 1 • 독서의 가치, 왜 책을 읽는가? | **043**

2016 SAMSUNG 임직원 BEST 대출 도서 (1월 ~ 9월)

1 January

- 혼자 있는 시간의 힘 (사이토 다카시 고, 위즈덤하우스)
- 센트힐피스 (기용 피소 고, 밝은세상)
- 애프터 다크 (무라카미 하루키 고, 비채)
- 검은 더 트레인 (폴라 호킨스 고, 북폴리오)
- 글자 전쟁 (김진명 고, 새움)
- 오빠라는 남자 (프레드릭 배크만 고, 다산책방)

2 February

- 정글만리. 1 (조정래 고, 해냄출판사)
- 미움받을 용기 (기시미 이치로/고가 후미타케 고, 인플루엔셜)
- 지적 대화를 위한 넓고 얕은 지식 (철학,과학,예술,종교,신비 편 / 채사장 고, 한빛비즈)
- 택시 e (EBS 역사채널 e, 북하우스)
- 왜 우리는 생각에 속을까 (크리스 페일리 고, 인사이트캠프)
- 파수꾼 (하퍼 리 고, 열린책들)
- 신의 달력 · 1 (정동린 고, 시공사)

3 March

- Paint It Rock (남무성 고, 북폴리오)
- 나는 단순하게 살기로 했다 (사사키 후미오 고, 비즈니스북스)
- 미생, 아직 살아 있지 못한 자. 10 · 포석 (윤태호/체지윤 고, 위즈덤하우스)
- 중국 천재가 된 홍 대리 (김현기/백부현 고, 다산라이프)
- 마션 (앤디 위어 고, 알에이치코리아)
- 그래 이나 안도 된처럼 (안도 진 고, 밝고)
- 보통의 존재 (이석원 고, 달)

4 April

- 3년 후 미래 (김영석 고, 한스미디어)
- 미움받을 용기 (기시미 이치로/고가 후미타케 고, 인플루엔셜)
- Paint It Rock (남무성 고, 북폴리오)
- 색깔이 없는 다자키 쓰쿠루와 그가 순례를 떠난 해 (무라카미 하루키 고, 민음사)
- 구글은 왜 자동차를 만드는가 (이즈미다 료스케 고, 미래의창)
- 사피엔스 (유발 하라리 고, 김영사)

5 May

- 나니아 연대기의 기적 (하기시 케이고 고, 현대문학)
- Paint It Rock (남무성 고, 북폴리오)
- 미움받을 용기 (기시미 이치로/고가 후미타케 고, 인플루엔셜)
- 나는 단순하게 살기로 했다 (사사키 후미오 고, 비즈니스북스)
- 오빠라는 남자 (프레드릭 배크만 고, 다산책방)
- 살면서 쉬웠던 날은 단 하루도 없었다 (이용수 고, 예담)
- 비트레이얼 (더글라스 케네디 고, 밝은세상)

6 June

- 나는 단순하게 살기로 했다 (사사키 후미오 고, 비즈니스북스)
- 센트힐피스 (기용 피소 고, 밝은세상)
- 나는 상가에 월급 받는다 (서동희 고, 베리북)
- 가끔은 격하게 외로워야 한다 (김정원 고, 21세기북스)
- 글자 전쟁 (김진명 고, 새움)
- 오빠라는 남자 (프레드릭 배크만 고, 다산책방)
- 감옥에 가기로 한 메르자 할머니 (카테리나 임겔만순 베리 고, 열린책들)

7 July

- 사피엔스 (유발 하라리 고, 김영사)
- 부산 가자 (김정원 고, TERRA)
- 미운4살부터 막무가내 8살까지 (크리스토프 흐로스데 고, 책그룹)
- 대한민국 사계절 물놀이 야신 (임준석 고, 황금시간)
- 2030 대담한 미래. 2 (최윤식 고, 지식노마드)
- 나는 부동산과 맞벌이한다 (너바나 고, 알키)
- 오빠라는 남자 (프레드릭 배크만 고, 다산책방)

8 August

- 혼자 있는 시간의 힘 (사이토 다카시 고, 위즈덤하우스)
- 나는 단순하게 살기로 했다 (사사키 후미오 고, 비즈니스북스)
- 로마 이야기 11 (시오노 나나미 고, 한길사)
- 미생, 아직 살아 있지 못한 자. 2 · 도전 (윤태호 고, 위즈덤하우스)
- 보보경심 (동화 고, 파란매)
- 사피엔스 (유발 하라리 고, 김영사)
- 오빠라는 남자 (프레드릭 배크만 고, 다산책방)

9 September

- 창문 넘어 도망친 100세 노인 (요나스 요나손 고, 열린책들)
- 지적 대화를 위한 넓고 얕은 지식 (철학,과학,예술,종교,신비 편 / 채사장 고, 한빛비즈)
- 보보경심 (동화 고, 파란매)
- 교백 (미나토 가나에 고, 비채)
- 잔악의 산 (손명학 고, 생명과미스)
- 읽으면 살 빠지는 이상한 책 (지태우 고, 스노우폭스북스)

월별 도서 대출 현황

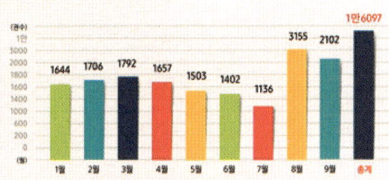

월	1월	2월	3월	4월	5월	6월	7월	8월	9월	총계
권수	1644	1706	1792	1657	1503	1402	1136	3155	2102	1만 6097

"독서는 일종의 탐험이어서
신대륙을 탐험하고
미개지를 개척하는 것과 같다."

- 미국의 철학자 존 듀이 -

Reading 2

창의 독서, 다르게 생각하고 새로운 관점을 갖자

책에 대한 유쾌한 반어적 질문(반문)을 통해서 보면, 목표를 정하지 않고 현재의 상황을 즐기며 자신의 심리적인 만족에 중점을 두는 책을 찾을 수 있다. 한가지 고정관념에 사로잡힐 수 있는 상황이라 하더라도 질문을 통해 생각의 유연함을 키우고, 책을 읽으면서 질문을 통해 사고력이 확장되면 다양한 관점을 가질 수 있다.

독서는 다만 지식의 재료를 줄 뿐이다.
그것을 자신의 것으로 만드는 것은 사색의 힘이다.

-영국의 선교사 존 로스-

관점을 바꾸는 질문 독서법

  2010년, G20 서울 정상회의 폐막식에서 오바마 미국 대통령이 폐막 연설을 했다. 오바마 대통령은 연설이 끝난 후, 한국 기자들에게 질문을 권유했지만 한국기자들은 아무도 질문을 하지 않았다. 질문이 없는 상태로 적막이 흐르자, 바로 옆에 앉아 있던 중국 기자가 일어나 아시아를 대표해서 본인이 질문하겠다고 말한다. 하지만 오바마 대통령은 한국 기자들에게 질문권을 부여한 것이니 한국 기자가 우선이라고 응수한다. 이에 중국 기자는 한국 기자들에게 자신이 대신해서 질문해도 되겠느냐며 물러서지 않았다. 오바마 대통령이 7차례나 한국 기자들에게 질문이 없느냐며 물었지만 한국 기자들은 아무도 질문을 하지 않는 매우 부끄러운 장면이 펼쳐졌다. 이와 같은 상황에 대해 EBS 프로그램 '왜 우리는 대학을 가는가' 5부에서 질문하지 않는 한국 교육의 문제점을 지적했다.

우리는 질문을 많이 하지 않는다. 질문을 하고 싶어도 '다른 사람들이 나를 어떻게 생각할까?', '바보 같은 질문이 아닐까?', '내 무식함이 탄로나지는 않을까?' 하는 생각이 질문을 가로막는다. 질문을 하지 않는 이유는 다양하겠지만, 사실 우리는 어렸을 때부터 질문을 하지 않는 교육 풍토 속에서 자라왔고, 그것이 습관으로 고착화되었다. 있는 사실을 그대로 받아들이고 다른 각도에서 일어날 수 있는 사안에 대해서는 많이 생각하지 않는 것이다. 이것은 책을 읽을 때도 마찬가지로, 책의 내용을 그대로 받아들인다. 하지만 책을 읽을 때는 다양한 질문을 가져야 할 필요가 있다. 책을 읽으면서 자신에게 던지는 질문은 두뇌를 자극하여 사고력을 넓혀 준다. 질문을 통해 모범 답안을 찾아 가는 과정 속에서 삶을 성찰하게 되는 것이다.

새해가 되면 우리는 다양한 목표를 세우고 이를 실천하기 위해서 부단히 노력한다. 목표를 이루면 그만큼 성취감도 날로 높아지는데, 목표를 통해 큰 성공을 이뤘다는 책은 수없이 많다. 나 또한 캐롤라인 A. 밀러와 MAPP. 마이클 프리슈가 쓴 '베스트 인생 목표 이루기'라는 책을 읽으며 새해 목표를 새롭게 했다. 그리고 매년 해왔던 것처럼 목표를 노트에 적고 실천 사항을 뽑아 보았다. 하지만 불현듯 '목표를 세우고 실천하는 것만이 과연 능사일까? 혹시 목표 없이 무언가를 이룬 사람은 없는 것일까? 왜 꼭 목표를 세워야 하는 것일까?'라는 다른 관점에서 재차 질문을 던져 보았다. 분명히 목표를 정하지 않고도 어떤 것을 이룬 사람도 있을 것 같았다.

나는 인터넷 서점에서 '목표'라는 키워드를 중심으로 검색을 해보았다. 다양한 목표 설정과 실천 방법에 대한 성공학 서적이나 자기계발서들이 쏟아져 나왔다. 그런데 이 책들 속에서 유독 눈길을 끄는 책이 있었다. 그 책은 스티븐 M. 샤피로의 '목표가 독이다'와 히라모토 아키오의 '목표 없이 성공하라'로, 두 도서 모두 목표에 대한 다른 관점을 제시하는 책이었다.

'목표가 독이다'의 저자는 목표 없는 인생이란 미래의 목표보다는 지금 이 순간에 충실한 삶을 뜻하며, 현재의 상황을 즐기는 태도이자 자신이 원하는 인생을 누릴 수 있는 태도라고 말한다. 자신의 인생을 강제로 어떤 계획에 맞추어 전개시키려 하지 말고, 인생이 자기 맘대로 펼쳐지도록 내버려 두라고 한다. 목표가 오히려 삶에 치명적인 독이 될 수 있다는 것이다.

한편 '목표 없이 성공하라'의 저자는 동양인의 고작 20~30%만이 비전과 목표를 명확히 하여 성공을 쟁취하는 사람이며, 70~80%에 해당하는 대부분의 사람들은 전혀 다른 방법으로 성공을 쟁취해 간다는 사실을 알아냈다. 오히려 비전, 목표와는 전혀 무관하게 나름대로 꾸준한 신념을 지켜나가면서 자신의 심리적 만족에 중점을 두고 하루하루를 쟁취해 나간 사람들이 성공을 하게 된 경우가 많았다는 사실을 밝히고 있다.

목표지향적 삶의 통념에서 벗어나 책에 대한 유쾌한 반어적 질문(반문)을 계속하다 보면, 목표를 정하지 않고 현재의 상황을 즐기며 자신의 심리적인 만족에 중점을 두는 책을 찾을 수 있다. 한가지 고정관념에 사로잡힐 수 있는 상황이라 하더라도 질문을 통해 생각의 유연함을 키우고, 책을 읽으면서 질문을 통해 사고력이 확장되면 다양한 관점을 가질 수 있다.

박웅현 저자의 '책은 도끼다'라는 책에는 다음과 같은 작자 미상의 중국 시가 소개되어 있다.

하루 종일 봄을 찾아 다녔으나 보지 못했네
짚신이 닳도록 먼 산 구름 덮인 곳까지 헤맸네
지쳐 돌아오니 창 앞에 매화향기 미소가 가득
봄은 이미 그 가지에 매달려 있었네

박웅현 저자는 위의 시에 등장하는 '봄'이라는 어휘 대신 '행복'을 넣어 보라고 권한다. 그는 행복은 먼 곳에 있지 않고 가까운 곳에 있고, 소소한 일상의 순간에 행복이 찾아오며, 미래를 위해 현재의 소소한 즐거움을 양보하는 것은 행복이 아니라고 말하고 있는데, 이 말은 현재의 아름다운 순간을 즐기는 것이 중요하며, 미래를 담보로 현재를 바꾸지 말라는 것이다.

작가의 말처럼 우리의 삶은 레이스가 아니다. 초등학교 때부터 입시를 위해 밤늦도록 학원을 다니고, 외고를 가야 하고, 명문대를 가야 하고, 일류 기업에 들어가야 한다는 목표에 얽매여 다시는 돌아오지 않을 소중한 인생의 순간들을 무의미하게 흘려보내서는 안 된다.

책을 읽으며 나 자신에게 질문을 던져본다.

'나는 삶을 레이스로 여기고 살아 온 것은 아닐까?', '나의 진정한 행복은 무엇일까?', '대기업에 들어와서 경쟁에만 몰두하며 살고 있지는 않은가?', '우리 가족이 말하는 행복은 어디에 있을까?'

박웅현 작가의 행복에 대한 생각을 읽으며, 나 자신의 행복에 대한 정의와 기준을 다시 한 번 생각해 보았다. 저자가 전달하는 메시지와 내용을 곱씹으며 스스로에게 질문을 던져 보면, 되새기는 과정 속에서 또 다른 질문이 발생한다. 또한 저자에게 반문하면서 더욱 확장된 질문을 던져 보면 생각이 깊어진다.

'과연 소소한 것이 진정한 행복일까?', '사람마다 행복의 기준이 다른 것처럼 소소한 것을 행복이라고 보는 사람도 있는가 하면, 물질적 만족과 명예를 얻을 때 진정 행복하다고 하는 사람도 있지 않을까?', '시대에 따라, 부를 정의하는 가치에 따라, 행복의 기준이 바뀌어가고 있는 것은 아닐까?', '사람마다 기준이 다른데 소소한 것만이 행복이라고 진정 말할 수 있을까?'와 같은 확장 질문과 함께 나는 실천적인 질문도 해본다.

'행복에 대한 나만의 정의와 기준을 생각해 보았다면, 나는 과연 행복의 기준에 준하여 실천하고 있는가?', '행복한 삶을 영위하기 위해 직장과 가정에서 어떻게 균형을 이루어야 할까?', '미처 생각지도 못한 불행이 찾아온다면, 나는 어떻게 대처할 것인가?'

마지막으로 책을 읽고 난 후에는 성찰적인 질문을 해 본다.
'이 책이 나에게 주는 시사점과 교훈은 어떤 것인가?', '내가 반성할 점은 무엇일까?'

이처럼 책을 읽으며 스스로에 대한 질문을 통해 저자의 생각에 동조하고, 반문하기도 하면서 확장 질문과 실천적인 질문을 함으로써 나를 더욱 성장시키는 것이 질문 독서법이다.

내가 알고 싶은 것은 모두 책에 있다.
내가 읽지 않은 책을 찾아주는 사람이
바로 나의 가장 좋은 친구이다.

− 미국의 16대 대통령 에이브러햄 링컨 −

장점을 연결하고 시간을 확보하는 디지로그 독서법

    사람들의 독서 방법은 매우 다양하다. 필요한 부분에 펜으로 줄을 그으며 읽는 사람이 있는가 하면, 낙서가 된 책은 싫다며 깨끗한 상태를 고집하는 사람도 있다. 어떤 이는 책을 읽고 꼭 후기를 남기기도 하고, 지인에게 SNS 형식으로 책 내용을 전달해서 책에 대한 기억을 머릿속에 새기라고 말하는 이도 있다. 최근에는 전자책들이 많이 나오고 책을 볼 수 있는 단말기도 많아져서 휴대가 불편한 책보다는 전자책을 선호하는 이들도 있다.

    전자책은 장점이 많다. 종이책처럼 무겁지도 않고, 책갈피도 간편하고, 비좁은 출퇴근길에서 스마트폰에 담긴 내용을 한 손으로 잡고 읽기도 편하다. 그리고 무엇보다 단말기에 많은 책을 담을 수 있어 매우 유용하다.

    전자 도서관을 이용하는 것도 좋은 방법으로, 이용하려는 도서관에서 자신이 읽고자 하는 책이 대출 중이라면, 다른 전자도서관에서 원하는 책을 바로 대출할 수도 있다. 종이책을 대출하는 것처럼 발품을 팔아 가며 굳이 도서관을 방문하지 않아도 되는 전자책의 장점은 무궁무진하다.

나는 회사와 연계된 인터넷 서점(교보문고)의 전자책을 이용하고 있다. 그런데 꼭 보고 싶은 책들은 으레 대출이 된 경우가 많아 다른 전자 도서관 사이트에서 원하는 책을 검색해 보는데, 책 제목이나 키워드, 저자명으로 검색하면 쉽게 찾을 수 있다.

원하는 키워드로 전자책들이 나열되면 '인기순', '최신순', '제목순', '저자순'으로 정렬되어 매우 편리하다. 나는 원하는 전자책을 검색한 후, 주로 '인기순', '최신순'의 2가지 조건을 가지고 책을 선정해서 읽는다. 사람들이 많이 찾는 책은 그 만큼 많은 사람들의 공감을 얻어 낸 책이라고 생각하기 때문이다.

처음에 스마트폰으로 전자책을 다운 받아 읽다가, 어느 순간 스마트폰 화면이 너무 작다고 느껴졌다. 작다고 느껴지니 잘 읽히지 않았고, 그래서 전자책 전용 리더기인 YES24 크레마를 애용하다가 다른 인터넷 서핑도 할 겸 갤럭시탭 S2로 바꾸어 사용하고 있다. 전자책의 글씨 폰트를 바꾸어 읽는 것도 색다른 맛이 있고, 폰트 크기를 크게 키워 글씨를 시원스럽게 보는 것도 재미있다. 이런 것이 디지털의 최대 장점이리라.

또한 전자책 리더기는 누워서 책을 볼 때 매우 유용하다. 책은 편한 자세로 읽을 때 내용이 더 잘 이해되는 경우가 많은데, 침대에 비스듬히 앉아서 읽다가 아예 누워서 읽고 싶은 경우가 발생하면 옆으로 누워서 읽을 수도

있다. 누워서도 읽기 힘든 경우에는 오디오북으로 들어도 좋다.

　대개 책은 꼭 눈으로 읽어야 한다는 고정 관념을 갖기 쉽지만, 생각을 벗어나 책을 듣는 것도 바쁜 현대인들에게 매우 유익하다. TTS(Text to Speech)로 책을 읽어 주는 자동 음성 기능이 예전에는 기계음으로 자연스럽지 않았으나, 지금은 많이 자연스러워졌다. 오디오북의 최대 강점은 손과 눈이 자유롭다는 것이다. 오디오북은 읽는 행위 대신 귀로 듣기 때문에 마치 운전하면서 라디오를 듣는 것처럼 다른 행위를 하면서 지식을 습득할 수 있다. 눈이 피로할 때, 버스나 지하철 안에서, 운전 중이거나 운동할 때도 가능하다. 또한 전문 오디오북은 성우들이 연기를 하듯 내용을 읽어 주기 때문에 책의 내용을 쉽게 이해할 수 있고 현장감도 느껴진다.

　하지만, 전자책이 장점만 있는 것은 아니다. 전자책은 종이책처럼 책의 전체 두께를 손으로 느낄 수 없을 뿐더러 책장을 넘기는 손맛이 없다. 한권을 다 읽었을 때 완독의 성취감도 다소 느끼기가 어렵다. 싹싹 밑줄을 긋는 즐거움도 없다. 또한 종이책을 읽을 때는 불현듯 생각나는 나만의 생각을 여백에 쓰며 생각을 이어 나갈 수 있지만, 전자책은 여백이 없다. 마치 내 마음의 여유도 덩달아 없어지는 것처럼 말이다.

 곰곰이 생각해 보면, 전자책의 단점이 곧 종이책의 장점이라는 것을 알 수 있는데, 종이책의 장점으로 전자책의 단점을 보완할 수는 없는 것일까? 유(有)에서 유(有)를 연결하는 것, 기존의 것을 새로운 시각으로 연결하거나 재조합 하는 것을 '창의'라고 하지 않았던가. 이어령의 '디지로그' 라는 책에 나오는 디지로그(디지털 + 아날로그) 개념처럼 말이다.
 나는 '디지털 개념의 전자책과 아날로그 개념인 종이 책의 장점을 연결하고 시간이 없는 직장인들 효과적으로 독서하는 방법은 없을까' 하는 고민을 많이 했다.

 나는 먼저, 일반 도서관에서 종이 책을 빌리고 전자도서관을 통해 같은 책을 동시에 대여했다. 전자책(디지털)과 종이책(아날로그)을 가지고 직장인으로서 하루 일과를 나열해 보고 장소와 유형을 연결해 보았다. 출근시간, 근무시간, 퇴근시간이 반복되는 일상 속에서 종이책과 전자책을 효율적으로 선택해서 독서의 능률을 높일 수 있었다.
 나의 경우에는 하루를 시작하는 아침에 서재에서 30분 정도 아날로그의 감성을 느끼며 종이책을 읽고, 30분에서 1시간 정도 걸리는 출퇴근 시간에는 전자책을 읽거나 자가 운전 시에는 오디오북을 듣는다. 점심시간에는 30분 정도 종이책을 읽고, 저녁에는 서재에서 손글씨로 한줄 서평이나 감상을 메모한다. 취침 전에는 침대에 편안히 누워 30분 정도 오디오북을 들으며 하루 일과를 마무리한다.

직장인들의 자기계발 선호 1순위는 '독서'다. 하지만 가장 실천하지 못하는 1순위 또한 '독서'다. 따라서 각자 자신의 상황에 맞춰 디지털과 아날로그를 효율적으로 겸비한 디지로그 독서법을 통해 하루 일과 중에 짬짬이 독서를 해 보는 것은 어떨까?

나의 언어의 한계는 나의 세계의 한계를 의미한다.

-오스트리아의 철학자 루드비히 비트겐슈타인-

소통을 극대화 하는 TOPIC 말하기 기법

　미국의 철학자 랠프 월도 에머슨(1803 ~1882)은 '같은 책을 읽었다는 것은 사람들 사이를 이어주는 소중한 끈이다.'라는 말을 했다. 같은 책으로 사람들과 서로 소통을 하는 것이다. 소통은 매우 다양한 형태로 이루어지지만, 주로 말을 통해 이루어진다.
　행복한 책 동호회에서는 다양한 활동으로 회원들 간의 소통을 유도하고 있는데, 회원들 간의 소통을 극대화시키는 방법으로는 어떤 것이 있을까?

　책을 소개할 때는 생각나는 대로 이야기를 해도 좋지만, 어떤 틀(프레임웍)을 먼저 세우고 이야기를 하는 것이 좋다. 이것은 우리가 글을 쓸 때 서론, 본론, 결론이라는 큰 뼈대를 세우고 글을 쓰는 것과 흡사하다. 독서 동호회를 운영하면서 책을 어떻게 하면 효과적으로 소개할까를 고민하다 생각해 낸 프레임웍이 'T.O.P.I.C'이다. 토픽은 주제를 이야기한다는 영어의 TOPIC의 의미를 따온 것으로, Title & Author, Outline, Purpose, Insight, Change의 첫머리 글자이며, 풀어보면 다음과 같다.

1. Title & Author : 책의 제목과 저자 소개

    책의 제목은 책이 어떤 내용을 담고 있는지 함축적으로 표현하는 것이다. 저자 소개는 일반적으로 책표지 앞날개에 소개되어 있으며, 저자의 이력과 출간한 도서를 보면 저자가 어느 방면의 전문가인지를 알 수 있다.

2. Outline : 전체적인 구성과 핵심 줄거리

    책 전체의 구성을 파악하는 것으로, Outline은 책의 목차를 통해 파악할 수 있다. 책의 목차는 저자가 독자에게 전달하고 싶은 핵심 메시지를 키워드 형태로 구성한 것이며, 전체적인 책의 내용을 한눈에 파악할 수 있다.

3. Purpose : 저자가 책을 쓴 목적

    저자가 책을 통해 전달하려는 것은 무엇일까를 염두에 두고 책을 소개하면 이야기가 풍성해진다.

4. Insight : 책에서 얻은 통찰과 교훈

    사실 책을 읽는 핵심적인 이유다. 책을 통해 우리는 교훈을 얻는다.

이런 교훈과 통찰을 주변 동료에게 요약해서 이야기함으로써 자신의 생각을 정리할 수 있다.

5. Change : 책의 교훈으로 변화될 삶의 계획
   책에서 얻은 교훈을 내 삶에 어떻게 적용하여 변화할 것인가? 책을 읽는 데서 끝나는 것이 아니라, 책을 통해 자신의 삶을 개선하는 방법을 이야기한다.

| T.O.P.I.C 기법을 적용한 사례 |

Title & Author

안녕하세요. 즐겁게 읽었던 책을 소개하게 되어 기쁘네요. 이번 주는 구본형 저자의 '익숙한 것과의 결별'이라는 책을 읽었습니다. 저자는 변화와 성장을 고민하는 사람들과의 소통을 좋아하고 변화 경영 전문가로 정평이 나 있습니다. 이 책 이외에도 '낯선 곳에서의 아침', '그대, 스스로를 고용하라', '구본형 필살기' 등 다수의 책을 썼습니다.

Outline

'익숙한 것과의 결별'은 총 7장으로 구성되어 있습니다.
제1장은 모든 것은 변한다, 2장은 누가 개혁에 저항하는가, 3장은 실업은 일시적 현상이 아니다, 4장은 1인 기업가로 다시 시작하라, 5장은 비전은

미래의 모습이다, 6장은 자신과 만나기 위한 산책길, 7장은 지금 바로 시작해야 할 다섯 가지입니다.

　여기서 제가 가장 의미 있게 읽었던 장은 제4장과 7장입니다. 4장의 1인 기업가로 다시 시작하라는 말은 회사에 소속되어 있는 저 자신을 다시 돌아보게 만들었고, 직장인으로서의 제 태도에 대해서 충분히 생각하는 계기가 되었습니다. 특히, 하루를 24시간이 아닌 22시간으로 생각하고 2시간은 온전히 나를 위해 쓴다는 개념은 저희처럼 다양한 역할을 하는 직장인에게는 반드시 필요하다고 생각했어요. 7장을 읽어 내려 갈 때는 정말 '내 묘비에는 어떤 내용을 써야 할까?' 하는 많은 고민을 했고, 아직 내 욕망이 무엇인지 정확히 깨닫지 못하고 있지만, 앞으로 계속 찾아 볼 생각입니다. 또한 내가 생각하는 행복은 무엇인지, 행복해 하는 것이 무엇인지, 나를 행복하게 만드는 일들, 이런 행복한 일을 할 때 누구와 함께 하고 싶은지 등에 대해 제가 당장 실천해 볼 내용들이 마지막 장에 펼쳐져 있었습니다.

Purpose

제목에서 다들 느끼셨겠지만 우리는 익숙한 것에서 편안함을 느끼게 됩니다. 하지만 편안함만 추구하다가는 현실에 금방 안주하게 되어 버리죠. 급변하는 상황을 직시하지 못하면 도태되기 마련입니다. 책의 저자는 도서 제목처럼 익숙한 것과의 결별을 통해 새로운 것, 변화하는 것을 적극적으로 받아들이면서 개선을 도모하는 가운데 개인의 발전과 혁신이 있다고 말합니다. 그것이 조직 관점이든 개인 관점이든 말이죠.

이 책이 쓰여진 목적은 '조직의 변화, 개인의 변화를 받아들이고 스스로의 가치를 창출해 나가자.' 라고 말할 수 있을 것 같습니다.

Insight

10년 전과 지금을 비교해 볼 때 '변화와 혁신'은 여전히 매우 중요한 화두입니다.

저는 책을 읽으면서 시대의 변화를 인정하고 회사에서 나 자신의 유일한 가치를 만들어 나가야겠다는 생각이 들었습니다.

아시다시피 평생 직장의 개념은 이미 사라졌잖아요? 저는 회사나 기업에서 요구하는 가치가 무엇인지 알아보고 이것을 위해 나만의 전문 역량과 지식을 쌓아 나가야겠다는 생각을 하게 되었습니다. 이를 위해 내가 좋아하고 잘할 수 있는 것을 우선 찾고 개발해 나가는 것도 중요한 활동이라고 생각합니다.

또한 책 내용 중에 이제 회사와의 관계도 고용자와 피고용자 관계가 아니라, 서로 비즈니스 파트너라는 개념으로 바꾸자는 인식 변화는 저에게 큰 의미로 다가왔습니다.

이 책에는 좋은 문장들이 많이 있는데요. 그 중 인상 깊었던 몇 문장을 꼽아서 한번 읽어 보겠습니다.

"하고 싶지만 잘 못하는 일은 그대와 인연이 닿지 않는 것이다. 옷소매조차 스치지 못한 인연이니 잊어라. 하기 싫지만 잘하는 일 역시 그대를 불행하게 만든다. 평생 매여 있게 하고, 한숨 쉬게 한다. 풀어서야 풀려나는 일이니 안타까운 일이다. 하고 싶은 일과 잘하는 일을 연결시킬 때 비로소 그대, 빛나는 새가 되어 하늘을 날 수 있다."

"회사는 당신의 고객이다. 그리고 동료 역시 당신에게서 도움 받기를 원하는 고객이다. 그리고 고객은 당신이 믿을 수 있고 사려 깊은 전문가이길 바란다. 당신을 찾아가면 문제가 해결된다는 것을 보여주어라. 그러면 당신은 피고용자의 관계를 떠나 대등한 위치에서 스스로의 비즈니스 파트너를 선택 할 수 있는 힘을 갖게 된다."

Change

저는 1인 기업가 정신으로 회사 생활에 임하려고 합니다. 그리고 생각의 관점을 바꾸려고 해요. 회사는 고용자이고 난 피고용자라는 생각만 줄곧 해 왔거든요. 그래서 문제에 직면하거나 일을 추진할 때 항상 수동적으로 접근 했던 것 같습니다. 관점을 바꾸어서 회사와 동등한 비즈니스 파트너로 저 자신을 생각해 보려고 합니다. 어떤 일이든 1인 기업가의 자세로 업무에 임할 겁니다.

또한 저자가 이야기한 대로, 하루를 24시간이 아닌 22시간으로 생각하고 2시간은 온전히 나를 위해 써 보겠습니다. 개념에 대해 앞에서 말씀 드렸지만, 꼭 실천해 보고 싶은 부분입니다.

우리는 누구의 부모, 누구의 자식, 누구의 사위, 누구의 며느리이기도 하고, 회사에서는 선배이기도 하고 후배이기도 합니다. 정말 다양한 역할을 맡고 있는데요. 이렇게 바쁘게 생활하면서 온전히 자기만의 시간을 갖기가 많이 어렵죠.

저는 자기만의 2시간은 직장인에게 꼭 필요하다고 생각했어요. 저자는 2시간을 새벽 시간에 할애하라고 하고 있는데요. 저는 2시간 일찍 일어나 제가 열망하는 것, 좋아하는 것을 해보려고 합니다. 의지력의 한계 때문에 혼자 하기는 어려우니, 주변 동료와 함께 새벽 기상 모임을 운영하여 '하고 싶은 일'과 '잘할 수 있는 일'을 같이 고민하고 연결해 보는 시간을 가져 볼까 합니다.

시는 가장 행복하고 가장 선한 마음의, 가장 선하고 가장 행복한
순간의 기록이다.

-영국의 여류 작가 M. W 셸리-

창의적 문제 해결 방법(TRIZ)을
이용한 시 쓰기 프로그램

    회사는 기술적인 문제 해결을 위해 트리즈(TRIZ, Teoriya Resheniya Izobretatelskikh Zadach라는 러시아 말에서 앞글자만 딴 것)라는 방법론을 적용한다. 트리즈는 러시아의 겐리히 알츠슐러 박사가 개발한 '창의적 문제 해결 방법과 원리'이다. 200만 건 이상의 전 세계 특허를 분석해 창의적이라고 인정되는 특허들의 공통점을 추출해 정리한 것으로, 40가지 발명 원리와 76가지 표준 해결책 등으로 구성되어 있다.

    트리즈는 적용되는 분야가 다양하여 기술적인 문제뿐 아니라, 일상적인 모순의 문제도 해결하도록 접근하고 있다. 나는 5년 전부터 트리즈에 꾸준한 관심을 가지고 문제해결 전문 자격과 역량을 쌓아 왔다. 이러다 보니, 다른 사람들보다는 직면한 문제에 대해 좀 더 다양한 해결 방법을 고민해 보고 여러 대안을 제시해 보는 습관이 생겼다.

우리는 실제 구매는 이루어지지 않으나, 눈으로 보는 쇼핑을 아이(Eye) 쇼핑이라고 한다. 눈으로 보는 것만으로도 즐거운 아이 쇼핑을 하듯, 나는 핵심 키워드를 중심으로 책 쇼핑을 자주 한다. 정확히 말하면 '책 아이 쇼핑'이다. 실제 구매는 이루어지지 않으니 말이다.

책 아이 쇼핑은 하나의 검색어를 가지고 꼬리에 꼬리를 무는 방식으로 생각을 넓히기 위한 것이다. 예를 들어, '트리즈'라는 키워드를 온라인 서점(Yes24, 인터파크, 알라딘 등) 검색창에 입력하면, '마인드맵을 활용한 트리즈'라는 부제를 단 유사한 책이 검색 리스트에 올라온다. 그러면 이제는 '트리즈'라는 키워드는 잠시 미루어 두고, 눈에 띄는 부제인 '마인드맵'이라는 키워드를 다시 검색창에 입력한다. 부제의 키워드로 갈아타고 검색해 보는 것이다. 이어 '마인드맵' 키워드로 검색하다 보니, 또 다른 다양한 제목의 키워드를 만나게 된다.

다시 다른 책의 부제인 '두뇌 사용법'이라는 키워드를 연결해서 서핑을 계속한다. '두뇌 사용법'이라는 키워드는 급기야 '레오나르도 다빈치' 키워드로까지 연결된다. 책 제목과 부제에 딸린 키워드를 검색하면서 책 소개, 저자 소개, 목차, 책 속의 요약본, 추천사, 책을 읽은 독자들의 리뷰를 읽으며 검색된 책을 체계적으로 훑어본다.

그림에서처럼 '트리즈'라는 키워드로 시작해서 '마인드맵'에 이어 어느덧 '레오나르도 다빈치'까지 연결되었는데, 이처럼 꼬리에 꼬리를 무는 키워드들과의 연관성은 무엇일까? 왜 연결이 되었을까를 생각해 보는 것도 아주 재미있다. 마인드맵은 생각을 정리하는 도구이고, 레오나르도 다빈치는 르

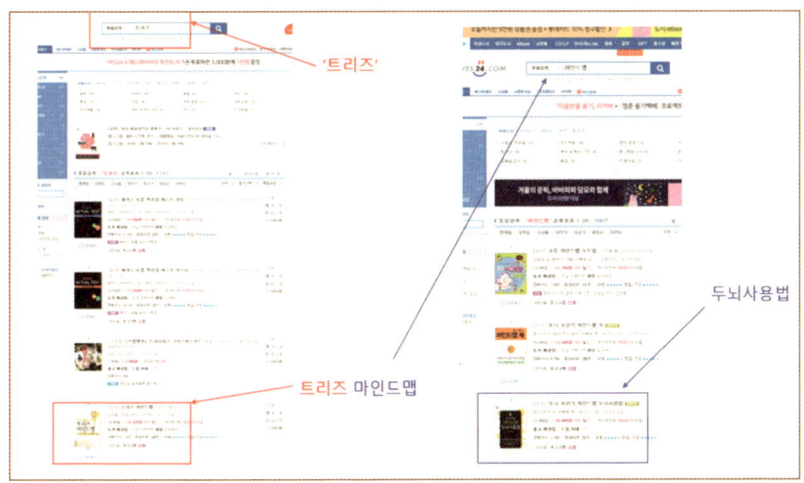

네상스 시대의 이탈리아를 대표하는 천재 미술가이자 과학자이며 사상가다. 천재적인 성향을 가진 사람은 남다른 생각을 했을 것이다. 그렇다면 레오나르도 다빈치는 토니 부잔이 주장하는 것과 같은 마인드맵을 사용했을까 하는 생각까지 확장하게 된다.

이와 같은 방법은 모티머 J. 애들러/찰스 반 도렌의 '생각을 넓혀 주는 독서법'에 나오는 2레벨(수준)의 살펴보기 방법을 인터넷 상으로 재해석하여 적용해 보는 방법이다.

모티머 J. 애들러 저자는 책에서 4레벨까지 독서 방법을 구분했다. 1레벨은 기초적인 읽기로, 독서의 초보적인 기술을 배우는 초등 수준의 책 읽기다. 2레벨은 살펴보기로, 책을 읽는 목적에 맞춰 책 표지를 살펴보고 체계적으로 훑어보는 읽기 수준이다. 3레벨은 분석하며 읽기로, 책의 핵심 메시지를 파악하고 저자의 의도를 분석하는 등 질문하며 읽기이다. 4레벨은 통합적인 읽기로, 주제에 대해 2권 이상의 책을 읽으며 주제와 관련된 의미, 질문, 쟁점 등을 명확하게 파악해 내면서 읽는 것이다.

여기서 2레벨은 3레벨과 4레벨로 가기 위한 핵심적인 단계다. 책의 전체 윤곽을 보면서 세세한 내용을 읽어 나가는 것으로, 등산을 하는 것에 비유해 볼 수 있다. 등산을 좋아하는 사람은 산에 오르기 전에 산 전체의 모습을 훑어보고 등산 이동 경로를 파악한다. 그리고 산 속으로 들어가 등산을 시작하면 어떤 나무들이 있는지, 나무의 모양과 색깔은 어떤지를 보게 된다. 힘들면 바위 위에 걸터앉아 쉬기도 한다. 그리고 최종 정상에 올라서면 발 아래로 보이는 정취를 만끽하며 모든 고난을 보상받는다.

책을 읽는 여정도 이와 다르지 않다. 2레벨에 해당하는 '살펴보기'는 전체 산의 모습을 파악하는 것처럼, 책의 앞표지와 뒤표지, 목차 등을 파악하는 것이며, 3레벨 '분석적 읽기'는 산 속으로 들어가 어떤 나무가 있는지, 나무의 모양과 색깔은 무엇인지를 파악하는 것처럼, 책의 내용을 상세히 분석해 나가는 것이다. 물론 책을 읽은 다음에는 산 정산에서 내려다보이는 경치를 즐기는 것처럼 만족감을 얻는다.

'꼬리에 꼬리를 무는 영어'라는 책 제목처럼, 책 제목과 연결된 부제를 검색하여 찾다 보면 새로운 책을 만나게 되고 새로운 생각을 접하게 된다.

트리즈로 시 쓰기를 강의했던 황보현 저자와의 만남도 이런 과정 속에서 시작되었다. 꼬리에 꼬리를 무는 책 아이 쇼핑을 하다가 '트리즈 독서 토론', '트리즈 독서카드'라는 독특한 도서 제목을 접하게 되었다. 참 어울리지 않은 단어와의 조합이지만, 그래서 더욱 신선하게 느껴졌다.

트리즈는 창의 문제 해결 방법으로 기술 분야에 적용하는데, 시 쓰기라는 인문 분야에 적용하니, 호기심이 발동했다. 급기야 나는 황보현 저자의 프로필을 인터넷으로 검색해서 강의를 요청했고, 저자를 회사로 초빙해서 회원들과 함께 트리즈와 시 쓰기 접목에 대한 강의를 듣게 되었다.

황보현 저자는 독서에 트리즈 원리를 적용해서 문제의 원인과 해결 방법을 찾는 방식을 아동 도서 분야에 적용했다. 또한 트리즈 원리를 활용하여 시 쓰기를 어려워하는 사람들을 위해, 시를 좀 더 쉽게 쓰는 방법을 체계적으로 단계화하였다. 여기서 황보현 강사의 시 쓰기 방법을 간단히 엿보기로 하자.

먼저 다양한 그림카드 중에서 자기가 원하는 그림카드를 1장 고른 다음, 그 그림을 보고 객관적인 관점에서 문장을 쓴다. 예를 들어, 노을과 나무가 있는 그림에서 '노을', '산', '나무', '붉은 태양'이라는 4개의 단어를 뽑고, 객

관적인 관점에서 문장을 쓴다. 즉, '커다란 나무 한가운데로 해가 지고 있다.'라는 하나의 문장을 만들어내면 된다. 그 다음은 행을 바꾸는 것이다. 즉 '커다란 나무/한가운데로/해가/지고 있다'처럼 4행으로 표현하거나, '커다란 나무 한가운데로/해가/지고 있다'와 같은 3행으로 표현해도 된다.

그 다음으로 트리즈 원리 40가지 중, 대표적인 원리를 적용해 볼 수 있다. 트리즈의 40가지 원리 중 원리 1인 '부분 교체'를 사용해서 단어를 바꾸어 볼 수 있다. 나무는 '고목'으로 교체가 가능하며, '해'는 '태양'으로 교체가 가능하다. 또한 '한가운데로'를 '중앙으로'로 바꾸어 볼 수도 있다.
트리즈 원리 1을 사용, 단어를 부분 교체해서 시를 다시 써 본다면 '커다란 고목/중앙으로/태양이/지고 있다' 또는 '지고 있다'라는 표현 대신 '태양은 쉬러 간다'고 표현할 수 있다.

트리즈 원리 2를 사용한 '포개기'는 좀 더 구체적인 단어를 사용하는 것으로, '커다란 나무'를 '커다랗게 늙은 나무'로 하거나, '지고 있다'를 '빠르게 지고 있다'와 같은 방식으로 바꾸는 것이다. 그리고, 마지막으로 행을 위아래로 바꾸어 가면서 시를 완성해 나가면 된다.
자, 이제 트리즈의 원리가 시를 만나서 전혀 색다른 창의 원리로 발현되고 새롭게 쓰였다. 시를 쓰는 원리와 방식을 트리즈 원리와 접목하면 시를 써 보지 않았던 사람도 시를 쓸 수 있게 된다. 행복한 책 회원들은 트리즈 원리를 통해 시를 쓸 수 있는 어휘가 발현되는 것과 짧은 시간에 시를 써 내는 자신의 모습을 보며 놀라움을 금치 못했다.

읽기가 입력 과정이라면 서평과 시 쓰기는 출력 과정이다. 자기 안에 어떤 언어가 있는지를 알아내고 자극함으로써 시로 표현할 수 있고, 서평이라는 글로 자기만의 생각을 표현할 수 있다.

읽기와 쓰기는 소비자와 생산자에 비유할 수 있다. 클라우드 슈밥과 26명의 저자들은 '제 4차 산업혁명의 충격'에서 미래의 핵심 기술은 '디지털 제조화'라고 했다. 과거에는 소비자와 생산자가 극명하게 구분되어 있지만, 지금은 다양한 도구(레이저 커터, 3D 프린터 등)을 통해 소비자가 곧 생산자가 되어 가고 있다. 즉, 소비와 생산의 경계가 허물어져 가고 있는 것이다. 이와 마찬가지로 독서에 있어서도 읽는 독자와 쓰는 저자가 구분되는 것이 아니라, 스스로 생산을 하는 시대로 더욱 변화될 것이다. 이미 자신의 콘텐츠를 책, 블로그, 개인 방송으로 계속 생산하는 방식으로 바뀐 것처럼 말이다. 단순히 읽는 독자의 입장에서 책을 생산하는 저자의 입장이 된다면 책을 바라보는 시선이 바뀔 뿐만 아니라, 더욱 분석적인 시각을 갖게 되고 한층 더 많은 생각을 하게 될 것이다.

> 친구를 얻는 방법은 친구에게 부탁을 들어달라고 하는 것이
> 아니라 내가 부탁을 들어주는 것이다.
>
> −고대 그리스의 역사가 투키디데스−

직장인의 고민 해결책, 휴먼 라이브러리

　　회사에 입사하면 삼성 그룹(사) 입문 교육을 받는다. 교육 내용은 회사의 비전 및 미션, 가치관 교육부터 리더십, 창의적 사고력 등 다양하며, 팀을 만들어 교육을 받다 보면 자연스럽게 '인적 네트워크'가 형성된다. 또한 교육을 받는 동안에는 팀별 활동을 통해 동료애를 느끼고 공동의 미션을 수행하다 보면 자연스럽게 동료의 문제 해결 방법을 익힐 수 있어 서로의 입장을 고려하여 일을 추진하는 배려심도 생기게 된다. 이런 동고동락의 과정을 거치면 동료가 문제에 직면하여 어려움을 호소할 때 팔을 걷어붙이고 돕고 싶은 마음이 절로 생긴다. 각자가 직면하는 현장의 문제를 서로 지식을 모아 해결한다는 것은 큰 의미가 있다.

　　업무의 어려움에 직면했을 때, 상사와 갈등이 생길 때, 마음 터놓고 허심탄회하게 이야기할 수 있는 동기와의 인연은 빛을 발휘한다. 또한 회사 입

장에서도 신속한 문제 해결을 통해 개인의 업무 능력을 향상시키고 이에 따른 높은 성과를 기대할 수 있어 '인적 네트워크'가 더욱 강조된다. 문제 해결을 위해 인적 네트워크를 활용해서 다양한 정보를 수집하고 유사한 문제를 경험한 동기, 선배의 해결책을 참고하여 자신의 문제를 해결할 수 있다.

입문 교육이 끝나고 현업으로 배치되면 현장의 모든 것이 문제의 연속이다. 기술적 문제, 동료 및 상사와의 의견 차이, 일과 가정의 밸런스 문제 등 다양한 문제에 직면하게 되는데, 문제에 처음 접하면 어떻게 대처할지 난감하다. 그래서 같은 문제를 많이 해결해 보고, 해결 과정 속에서 한 단계 한 단계 성장한, 소위 먼저 경험한 선배를 찾는다. 이런 것을 보다 체계적으로 운영하기 위해 회사에서는 '멘토링 제도'를 운영하기도 한다.

멘토링 제도는 멘토(선배 사원)의 문제 해결 방식을 도제식으로 멘티(신입 사원)에게 전달하여 문제 해결력을 향상시키는 제도이다. 멘토는 자기의 문제해결 경험과 노하우를 멘티에게 그대로 전달하고 책임감을 가지고 많은 노하우를 전수한다.

우리는 다양한 문제 상황 속에서 살며 경쟁하고 있다. 이는 갈수록 복잡한 사회에서 문제 해결 능력이 더욱 요구된다는 뜻이다. 이러한 급변하는 상황 속에서 문제 해결을 위해 행복한 책 동호회가 선택한 도구는 단연코 '책'이다. 직면한 문제에 대해서 빈번히 접한 선배에게 물어 보면 바로 해결이 가능할 수도 있지만, 매번 물어 보고 진행할 수 없는 노릇이고, 인터넷을 검색하여 필요한 지식을 취할 수도 있으나 한계가 있고 깊이가 얕고 조각난 정보이기 마련이다.

행복한 책 회원 A는 사업부에서 개발기획 업무를 담당하고 있다. 요즘 IoT(Internet of Thing)가 대세다 보니 가전제품과 실생활을 인터넷으로 연동하는 프로젝트를 한창 진행 중이다. 그러다 보니 창의적인 아이디어로 제품 솔루션을 기획하고 제안하는 일이 많다. 하지만 기획서를 들고 상사에게 보고할 때면 매번 혼이 난다고 한다. 평소 발표 울렁증이 있어 긴장을 많이 한 탓도 있지만 나름 고민했던 기획 내용을 잘 전달하지도 못하고 무엇이 문제인지 상사에게 보고할 때는 언제나 긴장이 되고, 이렇게 혼이 나면 눈물이 핑 돌기도 하고 한숨이 절로 나온다고 한다.

A는 탄탄한 기획서로 상사에게 인정받고 업무 보고도 잘하고 싶다는 간절한 마음을 토로했다. 보고를 잘 하기 위해 나름대로 부단히 노력을 해 보지만 모두 허사였다고 한다.

행복한 책 모임에 나온 A의 말을 귀 기울여 듣던 B가 자신 또한 대리, 과장 때부터 상사에게 보고하는 것이 가장 큰 스트레스 중의 하나였다고 고백하며, 자신의 경험담을 공유했다.

"저 또한 A회원님과 같은 상황을 여러 번 겪으며, 보고 날짜가 결정되면 사전 준비를 철저히 해야 한다는 것을 깨달았습니다. 일반적으로 준비가 부족하면 긴장을 하게 됩니다. 혹시, 마케팅 분석을 할 때 많이 활용하는 '3C 분석'을 알고 계신가요? 3C는 Customer, Company, Competitor의 약자로, 이 개념을 상사에게 보고할 때 적용하면 매우 유용합니다. Customer는 우리의 보고서를 받는 주체, 즉 상사를 고객이라고 생각하는 거죠. 고객이 무엇을 원하는지, 고객의 실제적인 니즈가 무엇인지를 분석하는 것이 Customer분석입니다.

Company는 자사 분석인데요. 나 자신의 보고 스타일을 분석하는 것입니다. 기획서에 담을 수 있는 나 자신만의 차별적 요소와 신뢰할 데이터를 확보했는지와 특별하게 제안할 수 있는 아이디어를 분석하는 것입니다. 마지막으로 Competitor인데요, 이것은 경쟁자로 해석하는 것보다는 동료 보고자의 보고 스타일을 벤치마킹하는 것으로 해석하면 좋아요. 동료가 잘하는 보고 스타일을 배운다든지, 먼저 보고 경험이 있는 동료에게 상사가 주안점으로 생각하는 것은 무엇인지를 미리 문의해서 배경 지식을 쌓고 보고에 들어가는 것을 의미합니다. 이렇게 3C 분석을 하고 보고에 들어가면 좀 더 체계적인 보고가 되고, 보고에 대한 미련도 남지 않게 되더군요."

B는 마케팅 분야의 책을 거의 다 읽을 정도로 마케팅 분야 전문가이기도 하지만, 지독한 독서광이기도 하다. 그는 마케팅에서 활용하는 3C분석 방식을 자신의 보고 상황에 적극 활용한 것이다.

같은 고충이 있었던 C회원이 책 한 권을 추천하며 자신의 의견을 밝혔다.

"저는 남충희의 '7가지 보고의 원칙'이라는 책을 읽고 실전에 적용했어요. 이 책에서는 보고할 때 중요한 7가지 원칙을 말하고 있습니다. 첫째, 고객 지향의 원칙, 둘째, 구조적 사고의 원칙, 셋째, 두괄식 표현의 원칙, 넷째, 미래 지향성의 원칙, 다섯째, 건의형의 원칙, 여섯째 적극성의 원칙, 일곱 번째, 조심성의 원칙입니다. 저는 '고/구/두/미/건/적/조'로 앞머리 키워드만 기억을 하고 있죠.

첫째, '고객지향의 원칙'은 앞에서 B회원님이 말씀하신 Customer 개념과 유사합니다. 보고를 받는 상사가 어떤 보고 스타일을 원하는지, 즉, 결론을 먼저 이야기하는 두괄식 관점인지, 주변 배경을 먼저 설명하고 결론을 마지막에 이야기하는 미괄식 관점인지, 핵심적으로 고객(상사)에게 전달할 핵심 메시지는 무엇인지를 보고자가 충분히 사전 준비를 하고 전달하는 원칙입니다.

둘째, '구조의 원칙'은 보고서를 서술식이 아닌 구조적으로 만드는 것입니다. 제가 7가지 원칙을 소개하면서 첫째부터 일곱 번째로 나누어 소개하

는 것도 구조적으로 구분하는 접근 방식입니다. 일반적으로 핵심 메시지를 3가지로 구분해서 전달하는 것이 보고자가 기억하기도 편하고, 상사가 기억하기도 좋더군요.

셋째는 '두괄식의 원칙'입니다. 앞에서 상사의 스타일을 보고 두괄식으로 전달할지, 미괄식으로 전달할지 선택하면 좋다고 했지만, 사실상 삼성의 임원은 두괄식을 매우 선호합니다. 빠르고 신속하게 보고 받기를 원하죠. '결론은 OO과 같습니다.'라고 결론을 먼저 말하고 이에 따른 근거와 이유를 부가적으로 설명하는 방식입니다.

넷째는 '미래 지향성의 원칙'입니다. 보고서 내용에 미래 지향적이고 창의적인 기획 요소를 충분히 넣어 신뢰감을 확보해야 된다는 뜻입니다. 또한 보고 석상에 있었던 동료들로부터 보고한 결과에 대해 피드백을 받아 보는 것도 좋은 방법입니다. 이런 과정을 통해 스스로를 반성하면서 성장을 할 수 있거든요. 앞에서 B회원님께서 말씀하신 Company 관점, 자기 자신을 분석하는 것과도 같은 맥락이 되겠네요.

다섯째는 '건의형의 원칙'입니다. 보고서에는 자신의 생각을 잘 담아야 됩니다. 상사에게 '어떻게 할까요?' 지시를 수동적으로 받는 입장이 아니라, 향후 예상되는 실행 계획을 사전에 준비하고 제안하여 상사에게 적절히 제시하는 겁니다. 이를 위해서는 독서 전문가가 되라고 책에서도 언급하는데요. 기발한 기획서가 될 수 있는 요소는 꾸준히 관련 전문 서적을 읽고, 생각하고 뒤틀어 보는 사고방식이 필요하더군요.

여섯째는 '적극성의 원칙'입니다. 상사의 지시 내용을 적극적으로 해석해 보고 발전시켜 보는 것입니다. 또한 '상사에게 지시한 윗 상사의 지시 사항은 무엇이었을까' 생각해 보는 것도 좋은 방법이더군요. 상사들의 지시 사항은 애매모호한 경우가 많은데, 조금 스트레스를 받더라도 상사에게 적극적으로 명확한 요구사항을 문의하고 이해하는 것도 중요합니다.

마지막 일곱째는 '조심성의 원칙'입니다. 사실 처세술과도 연결된 내용인데요. 열심히 기획서를 만들고 상사에게 보고를 할 때는 자신도 모르게 강한 주장을 펼치는 일이 생기더군요. 내 보고서에 대한 소명의식으로 꼭 나의 기획안과 주장을 관철시켜야 한다는 생각에 사로잡혀 계속 끌고 나가는 경우가 있어요. 하지만 상황을 잘 판단하여 상사에게 의견을 제시해야 합니다. 상사의 리더십을 훼손하는 발언을 한다든지, 보고서의 제안 내용과 주장을 과도하게 관철시키기 위해서 무모한 적극성을 보인다면 위험해지거든요. 위의 일곱 가지 다 중요한 원칙이긴 하지만, 제 경험상 크게 도움이 되었던 부분은 첫 번째의 '고객지향 원칙'과 세 번째의 '두괄식의 원칙', 다섯 번째의 '건의형의 원칙'입니다. 보고를 준비할 때마다 이 책의 주요 내용을 상기하곤 하는데, 원칙을 하나씩 적용하면서 본인에게 맞는 보고 방식을 취하면 좋을 것입니다."

회원들의 의견을 듣고 나는 다음과 같은 말을 덧붙였다.

"A회원님, 아시다시피 저는 문제 해결 전문가(TRIZ)로서, 회사에서 진행하고 있는 TRIZ 문제 해결 프로세스에 현재 직면한 문제점을 적용해 보면 좋겠다는 생각을 했어요. 즉, 저희 회사는 기술 문제를 해결하는데, TRIZ라는 도구를 활용해서 문제를 해결합니다. 문제를 정의하고, 분석하고, 아이디어를 내서 해결하는 방법이지요. TRIZ 문제 해결 프로세스는 D/A/G/E/V('다제브' 라고 읽음) 라고 하는데요. 이것은 Define/Analyze/Generate/Evaluate/Verify로 문제를 해결하는 단계를 의미합니다. Define은 문제를 정의하는 단계인데요, 문제를 잘 인식하기 위해서는 무엇이 문제인지 제대로 정의해 볼 필요가 있어요. 먼저 '문제'는 내가 기대한 상황과 현실과의 차이를 의미합니다. 문제를 해결한다는 것은 현실과 기대의 차이를 줄이는 것이고, 기대치(목표)를 낮추던지, 나의 상태를 끌어 올려 목표에 가깝게 만드는 것입니다. 지금 회원님과 같은 상황은 '좋은 기획력으로 보고서를 잘하고 싶다'는 것인데, 기대치와 현재의 차이가 크기 때문에 이에 따른 고민과 걱정이 많다고 생각됩니다. 문제가 정의되면 다음 Analyze 단계로 넘어가는데요. 어떤 상황에서든 무엇이 문제인지 핵심 원인을 찾아내는 것이 가장 중요합니다. 이런 문제의 원인을 찾아내는 기법으로 '5why' 라는 것이 있어요. 5번씩 계속 질문을 하며 원인을 추적하다 보면 근본 원인까지 찾을 수 있다는 개념입니다. 이런 Generate 단계에서는 근본 원인에 대한 솔루션과 해결 대안 아이디어를 모으고(Generate), 해당 아이디어에 대해 검증(Evaluate/Verify)을 해나가는 방식입니다. 특히 Generate 단계에서는 관련 전문 서적과 같은 동료의 지식과 경험적 해결안이 큰 도움이 됩니다. 우리 행복한 책 회원님들처럼 책을 좋아하는 사람들은 관련 전문 서적과 영역을 넘나는 인문학적 식견을 융합하여 문제를 해결하는 경우가 많습니다. 사실, 오늘 이 자리도 A회원님의 '보고를 잘 하고 싶어요'라는 화두를 놓고 모두가 자신의 경험담과 해결책에 해당하는 관련 도서를 소개하고 진솔하게 해결책을 제공한 것이니, 제대로 된 Generate 단계를 진행한 것이라 볼 수 있습니다. 오늘 논의했던 해결책을 다시 업무에 적용해 보고 검증해 나가는 것이 Verify 단계라는 생각이 드네요."

나는 이렇게 회원들이 처한 상황을 TRIZ 문제 해결 프로세스로 D/A/G/E/V 단계를 적용하면 좋겠다는 제언을 했다. 회원들이 읽었던 책과 경험담을 문제 해결을 위한 솔루션으로 제공한 것이다.

행복한 책 회원들은 책을 즐겨 읽고 현장의 문제 해결을 먼저 경험한 '휴먼 북(Human Book)'을 뛰어넘은 '휴먼 라이브러리(Human Library)'이다. '사람이 오는 것은 그 사람의 전부가 오는 것이다'는 말이 있다. 책을 좋아하는 사람들이 모인 행복한 책 모임에서는 사람이 책이고 책이 곧 사람인 것이다.

덴마크 출신의 사회 운동가 로니 에버겔은 사람이 책이 되는 개념으로 '휴먼 라이브러리'를 주창했는데, 행복한 책 모임에서는 집단 지성을 활용하여 로니 에버겔의 '휴먼 라이브러리'를 구현하고 있다.

독서의 기술이란 자신에게 적합한 독서법을 발명하는 것이다.

−일본의 철학자 미키 기요시−

책을 분석하는 프레임웍, 북 캔버스 만들기

새로운 개념을 제시하거나 정립이 필요할 때는 어떻게 해야 할까? 일반적으로 많은 사람들은 책을 통해 새로운 개념을 정의하고 구체화하고 있으며, 개념을 정리해서 책으로 출판한다.

'비즈니스 모델'이라는 단어도 비즈니스 분야에서는 생소했던 시절인 2010년, 알렉산더 오스터 왈더와 예스 피그누어는 '비즈니스 모델의 탄생'이라는 책을 통해 비즈니스 모델 캔버스라는 새로운 도구를 제시했다. 비즈니스 모델이란 하나의 조직이 어떻게 가치를 포착하고, 창조하고, 전파하는지 그 방법을 논리적으로 설명한 것이다. 비즈니스 모델 캔버스는 비즈니스를 전개하기 위한 필수적인 요소를 구성하고, 이들 간의 상호 관계와 흐름을 규정하여 비즈니스 전체를 생각하게 하는 틀(framework)을 제공하며, 비즈니스에 관련된 사람들(Stakeholder)과 비즈니스 요소를 구체화하고 커뮤니케이션을 하는 용도로 사용한다.

즉, 아래의 9개 비즈니스 구성 항목을 구체화하고 상호 관계를 연결하여 비즈니스를 이해하도록 돕는 도구가 '비즈니스 모델 캔버스'인 것이다.

핵심 파트너	핵심 활동	가치 제안	고객 관계	고객 세분화
	핵심 자원		채널	
비용 구조			수익 흐름	

* 비즈니스 모델 캔버스

스파크 59의 창업자 애시 모리아(Ash Maurya)는 그의 저서 '린 스타트업'에서 비즈니스 모델 캔버스를 응용하여 창업 초기 회사(스타트업)에 적합하도록 린 캔버스를 만들었다.

앞서 제시한 비즈니스 모델 캔버스에 이어, 린 캔버스로 응용하는 것처럼 어떤 분야에서 사용된 개념과 이론은 다른 분야에서도 필요에 따라 적합하게 수정되어 재탄생되기도 한다.

애시 모리아의 '린 스타트업'은 '비즈니스 모델의 탄생'이라는 책을 읽다가, 유사한 책으로는 또 무엇이 있을까 파고 들다가 발견한 책이다. 애시 모리아도 '비즈니스 모델의 탄생'이라는 책을 보고 번뜩이는 아이디어로 자기 분야에 응용했을 것이다.

문제	솔루션	고유의 가치 제안	경쟁 우위	고객군
가장 중요한 세 가지 문제	가장 중요한 세 가지 기능	제품을 구입해야 하는 이유와 다른 제품과의 차이점을 설명하는 알기 쉽고 설득력 있는 단일 메시지	다른 제품이 쉽게 흉내 낼 수 없는 특징	목표 고객
	핵심 지표		채널	
	측정해야 하는 핵심 활동		고객 도달 경로	
비용 구조			수익원	
고객 획득 비용, 유통 비용, 호스팅, 인건비 등			매출 모델, 생애 가치, 매출, 매출 총이익	

* 린 캔버스(한빛미디어, 에시 모리아의 '린 스타트업' 35쪽 참조)

비즈니스 모델 캔버스를 응용하여 린 캔버스를 탄생시킨 애시 모리아처럼, 나도 린 캔버스를 독서 분야에 응용할 수 있겠다는 생각이 들었다.

아이디어는 곧바로 실행하지 않으면 으레 사장되기 마련이다. 나는 이때 다 싶어 운영진에게 책 2권의 핵심 내용을 전달하고, 독서 분야에 최초로 린 캔버스를 적용해 보자는 제안을 했다. 창업 초기 회사가 제품과 서비스를 구체화하고, 관련자들과의 커뮤니케이션을 위하여 린 캔버스를 활용했다면, 읽는 것을 중요한 가치라고 생각하는 행복한 책 독서 동호회는 린 캔버스를 책을 분석하는 도구로 활용하여 생각과 의견을 나누면 좋겠다는 아이디어로 발전된 것이다.

　운영진 J는 내 아이디어를 듣더니 엄지를 척 추켜세우며 운영진과 함께 고민하면 좋은 활용 사례가 나올 것 같다는 의견과 함께 멋진 아이디어라는 칭찬을 아끼지 않았다. 무엇을 하더라도 죽이 맞는 동료가 있으면 신이 나기 마련이다. J의 긍정적인 의견에 나는 어깨가 으쓱해지고 많은 동기부여가 되었다. 밤늦은 시각까지 운영진과 함께 고민하며 의견을 나눈 끝에, 드디어 우리의 북 캔버스가 완성되었다. 린 캔버스를 모티브로 구축한 독서 후기를 나누는 커뮤니케이션 도구가 탄생된 것이다. 우리는 이것을 '북 캔버스'라고 명명하였다.

　북 캔버스는 비즈니스 캔버스 및 린 캔버스와 마찬가지로 9개의 구성 요소(항목)로 이루어졌다.
　하나의 항목에서 아홉 개의 항목까지 회원들과 토론하며 이야기를 나누다 보면, 자연스럽게 독자는 단순 독자로만 머무는 것이 아니라, 책의 핵심 메시지를 생각하고 세밀히 분석하는 열독자인 동시에 출판사 마케터 및 저자의 입장을 자연스럽게 생각하고 분석하게 된다. 또한 북 캔버스 활동에 참여한 다른 사람과 생각과 의견을 나누며 이해하게 된다.

문제	솔루션	가치	경쟁 우위	독자
읽게 된 동기 / 알고 싶은 것 / 직면한 문제	책에서 찾은 핵심 해결 방법	책이 주는 한마디의 핵심 키워드	유사한 책이 쉽게 흉내 낼 수 없는 차별점	대상 독자 / 추천하고 싶은 독자
	인사이트 책을 통한 통찰 및 교훈		채널 책을 접한 경로	
비용 대비 효과 평가 기반 책값 : ( ) 원래 책값 : ( )			읽은 후의 변화 변화 부분 / 향후 계획 / 다짐/약속	

* 북 캔버스

북 캔버스의 구성 요소

1. 독자 : 이 책을 가장 추천해 주고 싶은 대상 독자

    ('책이 답이다'의 경우 독서법에 관심이 있는 독자, 전국의 도서관 독서 동아리 리더, 직장인)

2. 가치 : 책이 주는 핵심 가치를 키워드 또는 한 문장으로 기술한다.

    (ex. 삼성 독서 동호회가 추진했던 '함께 읽는 독서 노하우와 솔루션')

3. 채널 : 책을 어떤 채널을 통해 접했는지 기술한다.

    (ex. 오프라인 서점, 친구의 추천, 네이버 책&문화 섹션, 카카오 브런치, Onoffmix 모임 등)

4. 경쟁 우위 : 책이 가지고 있는 경쟁 우위 요소, 차별화된 요소를 기술한다.

(ex. 직장인 독서 동호회의 7년간의 기록, 최초 독서 동호회 리얼 스토리)

5. 문제 : 독자가 가지고 있는 문제를 기술한다.

   (ex. 재미있는 직장인 독서 모임은 어떻게 운영할까? 직장인의 고민이 책으로 해결될까?)

6. 솔루션 : 문제를 해결하는 핵심적인 해결책을 기술한다.

   (ex. 책의 전반에 기술된 운영 노하우 벤치마킹)

7. 인사이트 : 책을 통해 얻은 통찰 및 교훈점을 기술한다.

   (ex. 책을 읽으며 하나하나 실천 항목을 만들고 실천해 본다.)

8. 독서 후의 변화 : 책을 통해 실천한 항목, 향후 계획, 다짐과 약속을 기술한다.

   (ex. 주변 동료와 책 공유는 북 캔버스를 활용하고 말하는 방식은 T.O.P.I.C을 활용해 본다.)

9. 비용 대비 효과 : 실제 책값 대비 내가 책정한 책 값을 써 본다.

   (ex. 2.28배:32,000원/14,000원)

| 책 공유를 위한 북 캔버스 사용 방법 |

1. 북 캔버스 대상 도서는 실용서 위주로 진행한다. 독자가 어떤 문제에 직면한 경우, 해결책 마련을 위해 공동으로 읽은 책이면 좋다.
2. 각자 북 캔버스의 항목을 보면서 생각과 의견을 정리하고 포스트잇에 쓴다.

3. 이제 4~5명이 북 캔버스를 펼치고 둘러앉는다. 책은 북 캔버스 옆에 놓는다.(만약, 북 캔버스 용지를 크게 출력한다면 가치 항목란 중앙에 책을 놓는다.)
4. 참여한 사람들은 돌아가며 해당 항목에 따라 자신이 읽은 생각과 느낌을 발표하며, 북 캔버스에 자기의 포스트잇을 붙인다.
5. 북 캔버스에 붙여진 참여자의 포스트잇을 보면서 생각의 차이점을 공유한다.

* 북 캔버스 양식은 http://booktainer.blog.me/221083427917에서 다운로드 받으세요.

"책은 청년에게는 음식이 되고
노인에게는 오락이 된다.
부자일 때는 지식이 되고
고통스러울 때면 위안이 된다."

- 고대 로마의 정치가 마르쿠스 툴리우스 키케로 -

Reading 3

성장 독서, 타인의 생각을 읽고 나만의 생각을 쓰자

내가 쓴 글을 다시 보면 머릿속에서 그와 관련된 '감정과 기억'이 되살아난다. 그것은 마치 스스로 대화하는 '셀프–브레인스토밍'과 같다. 그때의 흥분, 기쁨, 즐거움, 추억, 고민들을 다시 회상하면 당시에는 알 수 없었던 많은 문제점들이 정리되는 것을 느낄 수 있다.

짬을 이용하지 못하는 사람은 항상 짬이 없다.

-유럽 속담-

생각을 쓰면 답이 보인다

　　업무 보고, 기획서, 이메일 등 회사에서의 모든 업무는 글을 통해 이루어진다. 때문에 어느 분야를 막론하고 직장인들은 글쓰기에 대한 압박을 많이 받는다. 역량 평가 또한 직원 개인이 낸 기획서나 보고서를 통해 이루어지므로, 글쓰기는 회사에서 인정받고 살아남기 위한 생존 도구라고 할 수 있다.

　　나의 경우에도 예외 없이 '글쓰기 역량을 향상시키라'는 상사의 피드백을 받았다. 2~3장짜리 요약 보고서를 쓸 때였는데, 핵심적인 내용을 잘 쓰는 능력은 직장인이 기본적으로 갖춰야 하는 역량이라는 꾸지람을 들으며 자존심도 무척 상했다. 그래서 주말마다 '글쓰기 향상 과정', '글쓰기를 통한 기획력 향상'과 같은 글쓰기 교육 과정을 찾아 듣기도 했다. 이렇듯 주

변 동료와 상사의 피드백은 성장의 동기 부여 요소가 되기도 하지만 내 역량을 평가하는 잣대로 직결되기도 한다. 다른 모습들은 뒤로 한 채, 오직 자신이 쓴 글을 통해 나의 모든 역량을 평가 받는 것이다. 이러니 자연스럽게 글을 잘 써서 주변사람들로부터 인정받고 싶은 욕구가 당연히 생겨나지 않겠는가.

하지만 이렇게 글을 잘 써서 인정받고 싶은 본능적인 욕구 이전에, 내가 왜 글을 쓰는지 곰곰이 생각해 보았다. 나는 주로 다음과 같은 이유에서 글을 쓴다.

첫째, 순간의 생각을 정리하기 위해서 쓴다.

생각은 스쳐 지나가는 경우가 많기 때문에 자칫하면 놓치기 쉽다. 아이디어는 문득문득, 갑자기 떠오른다. 이럴 때 생각을 잡고 생각을 정리하는 도구가 '글쓰기'다. 우리는 글쓰기를 통해 생각을 정리할 수 있다. 글을 써 놓으면 잊어버려도 된다. 잊어버린다는 생각으로 글을 써 놓으면 새로운 것을 받아들일 수 있는 마음의 여유가 생긴다. 생각을 정리한 글을 각 페이지별로 떼어 낼 수 있도록 바인딩이 가능한 다이어리를 활용하면 더욱 좋다.

우리는 각 페이지에 온갖 생각을 정리할 수 있다. 한 권의 다이어리를 정리하면 같은 생각(즉 페이지)만 묶어서 다시 바인딩한다. 나는 강규형 저자가 쓴 '성공을 바인딩 하라'는 책에 나오는 내용들에 자극을 받아 이를 실천하고 있다.

회사원들은 업무에 대한 보고와 발표가 많다. 발표는 말로 하는 것인데, 실제 글로 표현하지 않고 발표를 하게 되면 중언부언하기 쉽다. 따라서 중요한 내용을 발표할 때는 말한 내용을 핵심 메시지로 만들어 페이지별로 하나씩 정리해 놓아야 한다. 글로 표현되어 있으면 내가 어디서 말이 막히는지, 어떤 부분을 반복적으로 말하는지 정확히 알 수 있다.

임기응변식의 말보다는 글로 정리해서 체계적으로 전달하게 되면 스스로도 만족스러울 뿐만 아니라, 전달 메시지가 명쾌하다는 피드백을 받을 수 있다. 회사원들이 많이 쓰는 MS Office의 파워포인트는 각 슬라이드의 맨 아래쪽에 코멘트를 적는 곳이 있다. 발표를 준비하기 위해서는 파워포인트로 핵심적인 메시지를 도표와 글로 정리하고, 파워포인트 본문에 그림과 도표를 넣어 작성해야 한다. 여기서 더 중요한 것은 슬라이드 맨 아래쪽에 내 생각을 정리해서 일목요연하게 전달하려는 핵심을 '글'로 정리하는 것이다.

둘째, 순간의 생각을 놓치고 싶지 않아서 쓴다.
나는 생각에 대한 애착이 많다. 애착이 많은 만큼 글로 적어 보고, 잠시 글을 보면서 생각에 잠긴다. 글은 묘한 매력이 있다. 시간이 지나도 과거의 나로 다시 돌아가는 느낌이 든다.

사진을 보면 과거 우리의 즐거웠던 일, 슬픈 일들이 다시 되살아난다. 마찬가지로, 나에게는 글쓰기가 이런 작용을 한다. 10년 동안 꾸준히 무엇인가를 하면 인생이 바뀐다고 하지 않던가. 이런 모티브로 꽤 오랫동안 나만의 글쓰기로 내 생각을 정리했던 것이다. 10년이 지난 후에도 크게 바뀐 것은 없지만, 생각의 깊이와 폭은 분명히 달라졌다.

셋째, 중요한 판단을 하기 위해서 쓴다.
글쓰기를 하는 행위는 자기의 내면을 채우는 일이다. 우리는 세상을 살면서 많은 고민과 걱정에 직면한다. 어려운 상황에 직면해서 허우적거리는 내 모습을 보면 아직도 경험이 많이 부족하다는 생각이 들지만, 차츰 나아지고 있다.

글을 쓴다는 것은 어떤 상황이 논리적으로 맞는지를 보는 과정이다. 지금 하는 상황 판단이 정말 맞는 방향인지 의구심이 드는 경우가 많은데, 이런 경우에 나는 으레 글을 써 본다. 글을 쓰는 과정에서 씨줄과 날줄이 맞아 들어가는지를 확인할 수 있는데, 이때 내 생각이 온전한 것인지 알 수 있다.

넷째, 내 책을 단행본으로 만들고 싶어서 쓴다.

나는 내 글을 묶어 단행본으로 출간하기 위해 글을 쓰고 있다. 7년 전 책을 발간해 보고 싶다는 목표를 버킷 리스트로 작성한 적이 있다. 책 쓰기와 글쓰기 강좌를 열심히 쫓아다니면서 많이 들었다. 여러 강좌 중 특히 기억에 남는 내용은 글(책)을 잘 쓰려면 잘 읽어야 된다는 말이었다. 다독, 다작, 다상량이 필요한데, 이것을 컴퓨터가 정보를 처리하는 것과 비유했다. 많이 읽고(Input), 많이 생각하고(Process), 많이 써야 한다고(Output) 했다. 그 이후부터 열심히 읽기 시작했다. 그런데 혼자서 읽는 것은 잘 되지 않았고 잘 써지지도 않았다. 잘 읽고 잘 쓰는 방법을 알고 싶어 벤치마킹을 결심했다. 고민하다가 독서 동호회를 만드는 것이 하나의 아이디어라는 생각이 들었다. 독서 동호회를 만들어 잘 읽고 잘 쓰는 사람을 가까이에서 지켜보면 나 자신도 성장하리라는 생각이었다. 그래서 시작된 독서 동호회가 지금의 '행복한 책' 이다.

단행본으로 책을 출간하기 위한 출판 기획서를 써 보는 것도 좋은 방법인데, 이 과정을 통해 글을 가다듬다 보면 생각 속에서만 맴돌던 내용들이 짜임새 있는 답으로 귀결하는 과정을 경험할 수 있다.

K전무님 또한 오랫동안 '아침의 단상'이라는 메일을 통해, 팀원들과 생각을 공유한 적이 있는데, 이것을 '프롬 유어 보스'라는 책으로 발간하셨다.

다섯째, 내 글이 누군가에게 도움이 되기를 바라는 마음으로 쓴다.

나는 다양한 주제의 글을 쓴다. 어떤 경험을 통해 얻는 교훈, 여행을 통해 얻은 교훈 또는 관련된 팁에 대해 정리한 글을 개인 블로그로 공유한다. 주로 정보 전달의 글을 많이 쓰는 편인데, 정리한 노하우는 내 글을 읽는 사람에게 분명 도움이 되기 때문에 노하우를 정리해서 공유한다. 내가 많이 알아서 글을 쓰는 것이 아니라, 노하우를 하나하나 정리하다 보면 관련된 지식까지 덤으로 알게 된다. 누군가에게 지식을 제공하는 글을 쓸 때에는 사전에 글감을 모으는 작업이 매우 중요하다. 경험한 것을 쓰는 경우에는 글이 술술 풀리지만, 경험하지 않은 주제는 글이 잘 써지지 않는 경우가 많다. 어떤 주제에 대해서 글을 써야 할 때에는 차곡차곡 글감을 모으고, 같은 글감끼리 한데 모아 하나의 글을 완성해 나가야 한다.

결국 나는 누군가에게 도움이 되고 싶어서 글을 쓰지만, 정작 내가 더 많이 알게 되어 다시 글을 쓰는 선순환이 이루어지게 되는 것이다.

여섯째, 스스로의 만족과 치유를 위해서 쓴다.

나는 업무를 보거나 회의를 할 때 다른 관점으로 의견을 내놓기도 한다. 그러면 내가 의견을 잘못 개진한 것은 아닌지 하는 의구심이 드는데, 이러한 생각의 오류를 줄이기 위해 더욱 열심히 글을 쓰게 된다. 글로 쓰면 조바심도 없어지고 마음이 차분해진다. 글로 표현하면 내가 한 행동과 의견이 옳았는지 혹은 옳지 않았는지에 대한 판단이 객관적으로 선다. 그러면 뿌듯함과 함께 '내가 의미 없는 존재는 아니구나.' 하는 나 자신에 대한 만족감이 생긴다. 또한 누군가에게 받았던 마음의 상처들, 남에게 경솔했던 내 행동들에 대해 후회가 되는 경우도 있는데, 이럴 때 글을 쓰다 보면 자연스럽게 상처가 치유된다.

읽는 것만큼 쓰는 것을 통해서도 많이 배운다.

-영국의 정치인이자 역사가 로드 액턴-

효과적인 독서를 위한 필사하기 노하우

필사하기(베껴 쓰기)는 글쓰기 향상을 위한 대표적인 독서 활동이다. 좋은 문장을 베껴 쓰다 보면 눈으로만 읽고 지나칠 때와 확연히 다르다. 임정섭 저자는 '글쓰기, 어떻게 쓸 것인가'라는 책에서 베껴 쓰기의 중요성에 대해 다음과 같이 강조하고 있다.

필사, 베껴 쓰기를 해 본 이는 알겠지만 지루하다. 하지만 모든 일이 그렇듯 사랑하면 미칠 수 있고, 미치면 일을 낼 수 있다. 필사를 하다 보면 아름다운 문장과 만난다. 그 문장과 사랑에 빠지면 필사는 즐거운 일이 된다.

필사를 해야 하는 이유는 언어의 표현법과 문장의 구조, 글의 서술 방식을 익히기 위해서다. 누구나 한 번쯤 책을 읽다가 좋은 글에 반한다. 대개 그러고 만다. 반면에 깨어 있는 자는 밑줄 긋고 마음에 품고 그것을 글로 옮긴다. 그것에 창의력과 상상력이 더해져 단 하나의 문장으로 태어난다. 따라서 그 문장을 익히는 일이 글쓰기의 첫걸음이지 않겠는가.

'첫 문장의 두려움을 없애라'를 쓴 김민영 저자는 효과적인 독서방법에 대해 첫째, 읽기(정독), 둘째, 분석하기(구성, 제목, 인용 등), 셋째, 필사하기로 순서를 정하고 있는데, 무조건 베껴 쓰는 것이 아니라, 전체 뜻을 파악하고 어떻게 구성되었는지 글의 구성 요소를 구체적으로 파악한 후, 띄어쓰기와 문장 기호까지 똑같이 베껴 쓰는 것이 중요하다고 밝히고 있다. 또한 다 쓴 다음에는 원본과 같은지 꼼꼼하게 체크하고 틀린 부분이 있으면 수정하면서 마무리를 해야 한다고 강조하며, 필사하기 좋은 책으로 김애란의 '칼자국', '침이 고인다', 김훈의 '칼의 노래'를 추천한다.

필사는 좋은 문장을 익히기 위해 필요한 과정이지만 바쁜 일상생활에 쫓기다 보면 실천하기가 쉽지 않다. 따라서 김민영 저자가 책에서도 밝혔듯이 컴퓨터 가까운 곳에 필사용 도서를 따로 놓아두고, 2~3일에 한번이라도 짬을 내어 베껴 쓰는 연습을 해보는 것이 어떤가. 책에 '필사용'이라고 써 붙여 놓고 말이다.

명로진 작가의 '베껴쓰기로 연습하는 글쓰기 책'에는 다음과 같은 내용이 나온다.

〈여자라면 힐러리처럼〉, 〈꿈꾸는 다락방〉을 쓴 이지성 작가. 고등학교 때까지 글짓기 상 한 번도 받아본 적 없고, 애독하는 책은 〈드래곤볼〉 같은 만화책이었다. 그는 스무 살에 작가가 되겠다는 꿈을 세우고 치열하게 글쓰기를 시작했다. 그러나 10년 가까이 '작가로서 가능성이 없다. 다른 일을 찾아보라'는 말만 들었다. 그 시련의 시절에 2,500권이 넘는 책을 읽었고, 〈태백산맥〉을 비롯해서 150여 권의 책을 베껴 썼다. 이때의 훈련 덕분에 그는 40여 권의 책을 낸 베스트셀러 작가가 됐다.

　이렇듯 우리가 알고 있는 유명한 저자 또한 좋은 문장을 베껴 쓰며 피나는 노력의 결과로 베스트셀러 작가가 된 것이다. 또한 이 책에서는 구두점 하나도 원본 그대로 베껴 쓰라고 권한다. 이 연습의 목적은 저자가 의도한 정신적인 경로를 그대로 따라가 보는 것이다. 그는 "J.K 롤링처럼 쓰고 싶다면 롤링처럼 쓰기 전에 롤링의 글을 베껴 쓰면 마법처럼 글의 문이 열릴 것이다."라고 말한다.

　필사하기(베껴 쓰기)는 글쓰기 향상을 위한 지름길이다. 어찌 보면 글을 잘 쓰고 싶다면 '필사하기'가 유일한 방법일지도 모르겠다. 글쓰기는 창작의 일환인데, 좋은 글 베껴 쓰기를 반복하다 보면 실력 차츰 향상되는 것이 느껴진다.

　나의 경우에는 글을 쓸 때 '그리고', '그런데', '그래서'와 같은 접속사만 늘 쓴다는 것을 필사하면서 깨달았다. 그 동안 잘 쓰지 않았던 '이어', '이에', '더불어', '한편' 등과 같은 다양한 접속사를 국어 단어장에 정리해 보고 의도적으로 이런 접속사를 활용하여 글을 써 보니 한결 세련됐다는 느낌을 받았다.

이런 글쓰기와 관련된 책을 다양하게 읽어 보니, 어떻게 글쓰기에 접근해야 될지 패턴이 보였다. 여기에서는 나만의 필사하기 노하우를 공유해 보겠다.

나의 경우에는 아무거나 베껴 쓴 것이 아니라, 신문의 칼럼을 주로 필사했다. 필사의 궁극적인 목적은 글쓰기 실력을 높이기 위한 것이므로, 반복해서 읽은 핵심적인 글의 내용을 분석 정리한 후, 필사하는 것이 필요하다. 필사하다가 생소한 단어를 만나면 따로 국어 단어장을 만들거나, 디지털 마인드맵으로 정리하는 방법을 택했다. 필사하는 방법을 절차대로 정리하였으니 활용해 보기 바란다.

1. 칼럼을 잘 읽는다.

첫 문장을 어떻게 시작하는지, 결론은 무엇인지, 또한 설득력 있는 예시는 어떻게 구성했는지를 살펴보며 전체적으로 가볍게 읽고 다시 한 번 정독한다.

2. 칼럼의 핵심적인 내용에 번호를 붙인다.

핵심 문장이라고 생각하는 부분은 ①로 표시한다. 핵심 문장을 '부연 설명'하는 문단이나 문장을 ②로 표시한다. 핵심 문장을 뒷받침하는 '사례/근거'를 ③으로 표시한다. 그리고 마지막 '결론'에 해당되는 부분을 ④로 표시해 둔다(잘 쓰지 않는 단어와 어휘를 만나면 동그라미 또는 형광색으로 표기해 둔다).

3. 디지털 마인드맵으로 구조를 만들어 본다.

핵심 문장, 부연/설명, 사례/근거, 결론을 마인드맵 통해 구조적으로 정리해 본다.

또한, 생소한 어휘는 단어장이라는 마인드맵 가지를 추가하여 만든다(추후 이 부분만 추려내어 한글 단어장을 따로 정리한다).

4. 실제 베껴 쓰기를 한다.

위에서 언급한 대로 '이 문장이 핵심 문장이구나! 이 문장이 사례를 언급한 문장이구나!'를 생각하며, 부호와 글씨 하나도 놓치지 않고 칼럼 내용을 그대로 베껴 쓴다.

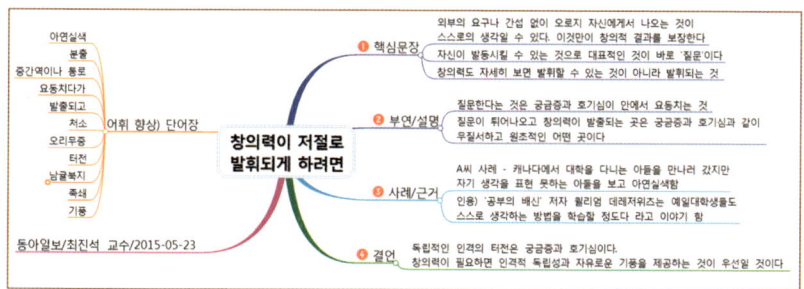

5. 한글 단어장 만들기

중간 중간 본인이 잘 쓰지 않는 어휘나 단어, 고사성어가 나오면 책에 형광펜으로 표기하고, 마인드맵의 가지로 추가했던 내용을 한글 단어장의 어휘집으로 만들어 정리해 둔다. 향후 한글 단어장은 어휘력을 풍부하게 만들어 줄 것이다.

6. 퇴고한다.

손수 베껴 쓴 내용을 다시 한 번 읽어 본다.

책은 꿈 꾸는 것을 가르쳐 주는 진짜 선생이다.

- 프랑스의 과학 철학자 가스통 바슐라르 -

글쓰기에 도움이 되는 서평 기법

　책을 읽었지만 도통 기억에 남지 않은 경우가 많다. 책 제목은 어렴풋이 기억이 나는데, 내용이 전혀 기억이 나지 않는 것이다.

　16년간 기억을 연구했던 독일 심리학자 헤르만 에빙 하우스의 망각 곡선에 따르면, 기억한 지 10분 후부터 망각이 진행되기 시작하여 1일만 지나도 70%이상이 망각된다고 한다. 반복해서 읽는 학습서가 아닌 일반 단행본은 한번만 읽고 마는 것이라 시간이 지나면 잊어버리는 것이 당연지사다.

　하지만 책의 내용과 인상 깊었던 문장을 기록해 두거나 꾸준히 서평을 쓰다 보면 책의 내용이 오랫동안 기억에 남는다.

　그렇다면 책을 읽은 후에는 어떻게 서평을 남기는 것이 좋을까? 글쓰기에 대한 두려움은 청소년부터 성인에 이르기까지 어려운 것은 매한가지다.

더욱이 글쓰기를 직업으로 가진 전문 작가도 글쓰기 고충을 토로했다. 김훈의 '칼의 노래' 첫 문장은 '버려진 섬마다 꽃이 피었다'로 시작하는데, 김훈은 '꽃은 피었다'와 '꽃이 피었다'를 두고 엄청난 고민을 했다고 한다.

여기에서는 서평 쓰는 것이 어려운 독자들을 위해 '독만권서(讀萬卷書)', '행만리로(行萬里路)', '교만인우(交萬人友:만 권의 책을 읽고, 만리 길을 여행하고, 만 명의 벗을 사귀어라)'를 실천하는 독서활동가 김을호 저자의 '독공법'에 나오는 'W.W.H.1.3.1'이라는 서평 형식을 소개해 보겠다.

| W.W.H.1.3.1 서평법 |

W(Why) : '작가는 왜 이 책을 썼을까?' 하는 책의 저술 목적을 쓴다.
"이 책의 작가는 OO을 알려주려고(깨닫게 하려고) 이 책을 저술했다." 라는 형태로 기술하면 된다.

W(What) : '작가는 무엇을 말하는가?' 하는 책의 핵심적인 내용을 쓴다.
"이 책의 전반부에서는 OO을 이야기하고 있고, 이 책의 중반부에서는 OO을 이야기하고 있으며, 이 책의 후반부에서는 OO을 이야기하고 있다."

H(How) : '나에게 어떻게 적용할 것인가?' 하는 실천 사항을 기술한다.
"앞으로 나는 OO할 것이다."

1 : 책을 읽고 한 문장으로 자기의 생각과 주장, 평가에 대해 기술한다.

"나는 ○○이라고 생각한다.", "나는 ○○작가가 쓴 ○○(도서명)의 ○○(대상, 어떤 점)이 ○○이라고 생각한다."

3 : 책에 대한 자신의 생각을 3가지 기술한다.

"왜냐하면 첫째, ○○ 때문이고(때문에), 둘째, ○○ 때문이며, 셋째, ○○ 때문이다."

1 : 결론과 아쉬운 점(2% 평가)을 기술한다.

"그래서 나는 ○○작가가 쓴 ○○(도서명)의 ○○(대상, 어떤 점)이 ○○이라서 좋다. 하지만(그러나) ○○은 아쉽다."

마지막으로 '내 마음 속에 남은 한 문장'을 쓰며 전체 내용을 마무리한다.

| POINT 서평법 |

임정섭의 '어떻게 쓸 것인가'는 글쓰기를 하고 싶지만 어떻게 해야 하는지 모르는 사람들을 위해 '필사하는 방법', '글쓰기 습관 기르는 방법', 'POINT 라이팅 서평 방법'을 담은 책이다.

이 책에는 서평을 쓰는 노하우와 글을 쓰는 테크닉에 대해 상세히 나와 있는데, 여기에서는 서평을 쓰기 위한 POINT 방법을 소개해 보겠다.

POINT는 Point, Outline, Information, News, Thoughts의 앞 글자를 딴 약자이다.

1. Point : 무엇을 쓸 것인지, 즉 글쓰기의 주제 혹은 소재를 잡는다.
2. Outline : 대상(글감)의 개요나 주요 내용을 적는다.
3. Information : 글을 쓰게 된 동기나 배경, 관련 정보를 기술한다.
4. News : 인용, 예화, 참고 자료를 넣는다.
5. Thoughts : 자기의 생각, 느낌, 의견을 적는다.

참고로, 홍세화 저자의 '생각의 좌표'에 대한 서평을 POINT 라이팅 서평 방법에 맞춰 살펴보면 다음과 같다.

Point
콜럼버스의 달걀은 기발한 아이디어가 아니라 폭력의 상징이다.

Outline
이 책은 다음과 같이 말한다. 첫째, 삶의 주인이 되기 위해서는 생각의 주인이 되어야 한다. 둘째, 더 인간적인 사회가 아니라 더 비인간적인 사회를 위해 쉼 없이 싸워야 한다. 셋째, 이 책에는 콜럼버스의 달걀에 대한 흥미로운 이야기가 등장한다.

Information

홍세화가 쓴 '생각의 좌표'는 '생각은 어떻게 내 생각이 되었나?'라는 질문을 통해 자기 성찰과 사회 비판을 강조한 에세이집이다.

News

콜럼버스가 달걀을 세울 수 있다며 탁자 위에 달걀을 깨드려 세운 일화를 두고 어떤 사람들은 '발상의 전환'이라고 추켜세워 말하기도 했다. 그것은 다만 자연의 섭리에 맞선 인위적인 폭력이었다. 그 폭력적인 발상과 행위, 그것으로 피식민지 사람들에 대한 착취와 억압이 시작되었다.

— '생각의 좌표' 중에서

Thoughts

콜럼버스의 달걀에 대한 생각 : 우리는 그동안 콜럼버스의 달걀을 '기발한 생각'으로 여겨왔다. 그러나 홍세화의 시각으로 보면 질서를 무너뜨리는 '파괴적인 생각'이다. 콜럼버스의 달걀을 어떻게 볼 것이냐는 매우 중요하다. 왜냐하면 그 달걀이 콜럼버스의 양심과 행위를 상징할 수도 있기 때문이다. 달걀에 대한 새로운 정의를 내림으로써 우리는 기발한 생각으로 포장한 착취와 억압의 진실을 알게 됐다.

책에 대한 생각 : 이 책을 읽고 나는 우리 사회의 문제점과 성찰의 중요성을 새삼 깨달았다.

일기는 사람의 훌륭한 인생 자습서다.

-소설가 이태준-

자신이 무엇을 읽었는지
4행 일기로 족적을 남겨라

"글을 잘 쓰는 비법은 무엇인가요?"

언젠가 손을 들고 글쓰기를 강의하는 저자에게 질문을 한 적이 있다. 저자는 '꾸준히 읽고 무엇보다도 일기를 써보라'는 권유를 했다. 그에 따라 나는 매일 쓰지는 못하지만, 간헐적 일기 쓰기를 실천하고 있다. 일기는 삶의 기록이자 하루 일과를 정리하는 삶의 조각이다. 기록을 잘하면 어느새 모자이크가 완성되어 나만의 큰 그림이 만들어지고 마음이 풍부해진다는 것을 느낄 수 있다. 삶의 기록을 유심히 살펴보면 하나의 실마리를 통해 연관된 기억이 폭발적으로 되살아나는 경우를 많이 보게 되는데, 이런 현상은 마치 회사에서 '회의'를 할 때의 상황과 유사하다. 회의에서는 각자가 의견을 내 놓으면 그 의견에 덧붙여 아이디어가 발산되거나 구체화되어 중요한 결정을 내릴 수 있게 된다. 누군가의 의견으로 촉발된 '경험과 지식'이 합산

되어 새로운 아이디어로 도출되기 때문에 의미 있는 결론에 도달하게 되는 것이다.

 일기도 마찬가지다. 내가 쓴 글을 다시 보면 머릿속에서 그와 관련된 '감정과 기억'이 되살아난다. 그것은 마치 스스로 대화하는 '셀프-브레인스토밍'과 같다. 그때의 흥분, 기쁨, 즐거움, 추억, 고민들을 다시 회상하면 당시에는 알 수 없었던 많은 문제점들이 정리되는 것을 느낄 수 있다. 일기를 쓰다 보면 하루의 일상과 생각이 정리되어 가슴속이 후련해지는 효과가 있기 때문에 나는 생각이 복잡하고 정리가 안 되는 날에 주로 일기를 쓴다. 물론 매일 습관적으로 쓰는 것이 더욱 좋다.

 일기는 일반적으로 저녁에 쓰지만, 나는 '아침 일기'로 하루를 시작한다. 처음에는 긴 문장으로 모든 일들을 기록하려고 하다 보니 시간이 많이 소요되고 힘들기도 했다. 그래서 요즘은 짧은 문장으로 중요한 활동만 정리한다. 새벽에 일어나면 직장인 새벽 기상 모임 밴드에 먼저 기상을 알리는 문자를 남기고, 5분 명상 후 물 한 잔을 마신다. 그리고 바로 컴퓨터를 켜고 간단한 나의 기록, 즉 나만의 일기를 남긴다.

 막상 '일기를 써보자!'라고 마음속으로 외쳐 보지만, 어려운 경우가 많은 이유는 첫째, 어떤 내용을 써야 할지 감을 잡지 못하기 때문이다. 즉 글감을 찾기 어렵다는 것인데, 일기는 하루를 회고해 볼 때 가장 기억에 남는 인상적인 활동, 딱 한가지만 쓰면 된다. 너무 많은 것을 쓰려고 하면 생각이 엉켜 내용 정리가 잘 되지 않는다.

둘째, 누군가가 내 글을 보고 평가하지 않을까 걱정이 앞서기 때문이다. 초등학생들이 쓴 일기는 매일 학교 선생님께 제출해야 하지만, 성인들의 일기는 자기가 쓴 내용을 자기 스스로 읽고 회고하면서 반성하는 것이기 때문에 누구에게 평가를 받거나 비판 받을 일이 전혀 없다. 단지 자신의 삶을 스스로 반추해 보면서 성장에 도움이 되는 재료로 사용하는 것이다.

그래도 어렵다면 고바야시 케이치가 쓴 '4행 일기'를 활용해 보자. 여기서 '4행 일기'는 말 그대로 네 줄의 글을 쓰는 것이다. 4행의 구성은 우리가 국어 시간에 배웠던 '기승전결'의 구조처럼 '사실/느낌/교훈/선언'으로 이루어져 있다.

'4행 일기'에 맞춰서 쓴 짧은 글을 예로 한번 살펴보자.

1. 사실(오늘 어땠는가?) : 매일 아침 5시에 기상해서 하루의 일상을 기록하는 '일기'를 쓰기로 했다.
2. 느낌(오늘 느낌은 좋았나?) : 머릿속의 복잡한 생각이 하나하나씩 정리되는 것 같고, 마음이 후련하다.
3. 교훈(오늘의 교훈은 무엇인가?) : 생각을 정리하니, 내가 무엇을 해야 할지 'TO-DO List'를 만들 수 있었다.
4. 선언(오늘의 선언은?) : 매일 쓰는 일기를 통해 하루의 'TO-DO List'를 정리하자!

"뭔 일기가 이렇게 짧아?"라고 생각될 수도 있지만, 매일 이렇게 쓰는 것도 처음에는 많이 힘들다. 시간은 보통 4~10분 정도로 잡고, 습관이 되면 좀 더 길게 쓰면 된다.

어떤 일이든 첫술에 배부른 경우는 없다. 천천히, 그리고 바로 실천할 수 있는 일부터 시작해보자.

4행 일기를 독서와 접목시켜 독서일기로 사용해도 좋다. 예를 들어 정철의 '카피책'을 읽었다면 다음과 같은 방식으로 4행 독서일기를 쓰면 된다.

1. 사실 : 보고서를 쓸 때 압축력과 전달력이 부족하다는 것을 느끼고, 정철의 '카피책'을 읽게 되었다.
2. 느낌 : 눈앞에 어떤 풍경이 펼쳐지는 것처럼, 전달력이 강한 생생한 글쓰기에 대한 노하우를 얻었다.
3. 교훈 : 임팩트한 카피를 만들어내기 위해서는 문장을 쓰고 지우는 작업이 필요하다는 것을 알게 되었다
4. 선언 : 하루 중에서 가장 강렬했던 사건이나 순간을 한 줄의 카피로 만드는 습관을 기르겠다.

글쓰기는 글쓰기를 통해서만 배울 수 있고
글쓰기를 통해서만 실력이 는다.

-미국의 시인이자 소설가 나탈리 골드버그-

글쓰기 멘토를 통해
글쓰기를 개선하라

우리 행복한 책 회원들은 저자 특강 또는 인문학 외부 강의를 듣기 위해 종종 함께 움직인다.

어느 날 우리는 수원 태장마루 도서관에서 글쓰기 특강을 한다는 공지를 보고 특강을 들으러 갔다. 마침 최준영 작가의 특강이었다. 최준영 작가는 '책고집', '어제 쓴 글이 부끄러워 오늘도 쓴다', '결핍을 즐겨라' 등을 집필한 저자이자 거리의 인문학자로, 저명한 글쓰기 전문 강사이다. 우리가 참여한 특강은 4회차 강의였는데, 그는 매주 글쓰기 미션을 주고, 참여한 수강생들이 쓴 글을 선정하여 공개 석상에서 수정 부분에 대한 피드백을 주었다.

마지막 차수에는 내가 쓴 글이 선정되었는데, 솔직히 많이 부족한 글이었다. 내가 쓴 글의 부족한 부분이 공개적으로 낱낱이 파헤쳐지니 자리에 앉아 있기가 민망했다. 오탈자는 물론이거니와 비문에 해당되는 문장들이 속속들이 들추어져서 내가 과연 국어를 배운 사람인가 하는 생각에 얼굴이 달아올랐다. 같이 온 '행복한 책' 회원들에게 너무나도 부끄러웠다. 그래도 명색이 행복한 책 동호회 회장인데 글쓰기 실력이 이 정도라니. 애써 태연한 척 그 순간을 꾹 참고 넘겼지만 오기가 발동했다. 나는 마지막 수업이 끝난 후에 저자에게 술 한 잔을 제안했다. 저자로부터 인문학에 대한 이야기를 진솔하게 더 듣고 싶은 욕심도 있었지만, 무엇보다 내가 쓴 글에 대한 피드백을 좀 더 상세히 받으면 글쓰기 실력이 향상될 것 같았다. 그리고 무엇보다 글쓰기 강사와 글벗이 되어 친해지고 싶었다. 이 제안을 최준영 저자가 흔쾌히 수락하여 행복한 책 회원들과 함께 술자리를 갖게 되었다.

소주잔을 주고받으면서 자연스레 글쓰기에 대한 어려움을 토로하게 되었고, 어떻게 하면 글쓰기를 잘할 수 있는지, 문장력을 높일 수 있는 개선 방안은 무엇인지에 초점이 모아졌다.

공대 출신의 엔지니어로서 아무리 글쓰기와 동떨어진 업무를 보고 있다고 해도 가끔씩은 실용적인 글을 써야 하는데, 그 작업이 솔직히 너무 힘들고 어렵다는 고충을 솔직히 털어 놓자, 최준영 작가는 오직 연습밖에 답이 없다며 다독, 다상량, 다작을 체계적으로 해보라는 조언을 했다. 사실 다 아는 이야기다. 하지만 더 바람직한 방법이 있지 않을까 싶어 연신 질문을 해댔다. 최준영 작가는 주변에 글쓰기를 잘하는 사람에게 멘토링을 받으면 한결 나아질 것이라고 귀띔을 해주었다. 맞다. 이론으로 글쓰기를 향상시키는 방법보다는 글쓰기 멘토와 교류하면서 글쓰기를 개선해 나가면 좋겠다는 생각이 들었다. 그래서 나는 행복한 책 동호회 안에서 운영되는 글쓰기 소

모임, 일명 '책고집'을 운영해 보기로 했다.

　책고집 글쓰기 소모임은 행복한 책 동호회 회원 중에서 글쓰기 향상을 희망하는 8명이 주축이 되어 진행되었다. 현재는 3기까지 운영되고 있으며, 책을 읽고 서평을 쓰면서 글의 개선 사항을 상호 공유하는 형식으로 진행하고 있다. 이 모임에서 최준영 작가는 서평을 쓰는 절차와 방식을 강의했는데, 최준영 작가의 강의 내용을 요약해 보면 다음과 같다.

　1. 텍스트(책, 영화 등)를 분석한다.
　　 반드시 책을 대상으로 서평을 쓰지 않아도 된다. 영화도 좋다.
　2. 주제어를 잡는다.
　　 책에서 본인이 가장 중요하다고 생각하는 핵심 주제를 잡아낸다.

3. 글감 3가지(텍스트, 보편, 나)를 확보한다. 책의 내용을 통해 글감을 확보하고, 그 글감을 보편적이고 일반적인 이야기로 풀어낸다. 그리고 글감과 연결되는 '나' 자신의 경험과 교훈을 연결해서 쓴다.
4. 글감을 배치한다.
   전체 글 구조에서 글감을 어디에 배치할지 구조적으로 설계해서 배치한다.

여기에서는 회원들의 서평을 읽고 최준영 작가가 피드백을 주었던 사례를 소개해 보겠다.

사례 1) 박범신의 '소금'을 읽고

주인공의 아비는 가족의 생계를 책임지다가 소금밭에서 과로사한다. 주인공 역시 가족의 생계를 홀로 책임지며 살다가 소금에 의해 문득 아비를 떠올리고 가족을 떠난다.(서지 정보가 전혀 없는 게 아쉽습니다. 바로 들어가는 것도 좋지만 책의 제목과 등장인물에 대한 최소한의 설명이 곁들여졌더라면 더 좋았을 것 같습니다. 또한 이 부분에서 문단을 바꾸는 게 좋을 듯합니다.)

현대 자본주의 사회에서 가장의 어깨는 얼마나 무거운가. 자본이 만들어내는 거대한 소비 문명은 가장과 아이들을 끊임없이 이간질한다. 그렇지만 가장은 가족에게 섭섭해하지 않는다. 그 역시 당연시(당연한 것으로) 생각하니까. 그저(그보다는 외려) 가족에 편입하지 못하고 겉돌아 외로울 뿐이다.

주인공은 가족과 사회를 버리고 자유를 얻는다. 잉여재산을 추구하는 자본주의를 버리고 웃음을 얻는다. 목표 따위는 세우지 않는다. 오늘 못하면 내일하고, 내일 못하면 내년에 하면 되지 않는가.

가장을 잃은 가족은 가차 없이 해체된다. 아비의 부재로 인한 주된 수입원의 소멸 이후 가장 가까운 가족을(남은 가족들은 서로를) 물고 뜯는다. 어려운 상황에서 서로 보듬어 안는다는 훈훈한 스토리는 실재하지 않는다. 이러한 결말은 예견되었으나 이는 과연 가장의 잘못인가.(간결한 문체라는 탁월한 미덕을 가졌지만, 그럼에도 이 부분은 '이러한 결말은 예견되었다. 그것이 과연 가장의 잘못인가.'와 같은 형태로 한번 더 쪼개야 할 듯합니다.)

나는 왜 회사를 다닐까. 하루 대부분의 시간을 보낼 만큼 재미있고 보람이 있을까. 이러한 결단을 내린 주인공이 부럽고 통쾌하다. (결단에 대한 설명으로서는 부족해 보입니다. 차라리 생략하는 것이 좋을 듯) 허나 나에게 이 모든 경제적 과실을(좀 더 세련된 표현을 찾아 봅시다!) 버릴 수 있는 용기는 없다. 매일 사표를 쓰지만 정작 터뜨리지 못하는 일개 회사원으로서 그저 6월4일 투표권을 행사하며 스스로 위안할 밖에. (J 회원)

최준영 작가의 코멘트 : 극단적인 단문의 경쾌함이 돋보입니다. 그러나 간결한 것이 능사는 아닙니다. 텍스트를 통해 길어 올린 어떤 관념을 나의 입장으로 풀어내는 방식을 취한 건 탁월하지만 그것을 뒷받침해 줄 배경 설명도 필요합니다. 제가 강의 때 말씀드렸듯이 3개의 글감 확보, 즉 텍스트, 나, 일반(보편)적 관념을 적절하게 배치하지 않은 것이 아쉽고, 미완성의 글로 보이게 합니다. 그럼에도 장점이 많이 발견되는 글입니다. 이토록 단문의 아름다움을 구사하기란 쉽지 않은 일입니다. 정진을 당부하며, 기대합니다.

사례 2) 대런 아로노프스키 감독의 신작 영화 '노아'를 보고

'노아'는 대런 아로노프스키 감독의 신작 영화이다.('노아'는 '000', '999' 등을 연출한 또는 등으로 잘 알려진 대런 아로노프스키 감독의 신작 영화이다. → 굳이 첫 문장에서 감독의 이름을 밝히는 이유가 드러나야 합니다.)

무료로 얻은 문화상품권의 유효기간이 다가와서 급하게 예약을 하느라 노아가 성경에 나오는 인물이라는 것 외에는 사전 정보 없이 영화를 선택했다.(아무런 정보 없이 보게 된 영화였다 → 사전 정보 없이 선택한 게 아니라, 선택은 이미 했고, 단지 사전 정보가 없었다고 해야 맞습니다.)

신앙을 가지고 있지 않거나 성경을 읽어보지 않은 사람이라도 노아에 대해서는 알고 있을 것이다. 나 역시 성당 부속 유치원을 다닐 때 성경 만화를 시청했기 때문에 노아의 방주는 잘 알고 있는 이야기다. 무려 30여 년 전에 봤던 만화지만 동물들이 줄을 지어 방주 안으로 들어가던 장면은 특히나 인상적이었던 것으로 기억한다. (생략 가능)

하나님의 계시를 들은(받은? 받든? 접한?) 노아는 큰 배를 만들고 땅 위의 모든 생명을 배(방주)에 태우되 꼭 짝을 이룬 자들만 승선을 허락한다. 탈무드에서는 '선(善)' 역시 배에 타고 싶었으나 짝이 없다는 이유로 거부당하자 '악(惡)'을 데려왔고, 그래서 선과 악은 항상 공존한다고 말한다. 그래서 이 영화를 볼 때의(에 대한) 나만의 감상 포인트는 선과 악의 존재를 어떻게 표현하였는지 주의 깊게 보는 것이었다.

나는 선의 상징으로 주인공 노아가 아닌 '일라'라는 인물을 꼽고 싶다. 그녀는 어릴 때 배에 큰 상처를 입어 불임이 된 여인이다. 하지만 그녀는 임신을 하고 쌍둥이 딸을 낳게 된다. 홍수가 모든 것을 휩쓸어 버린 세상에 노아의 아들이 마지막 인류일 것이라고 여겨졌지만, 새로운 생명이 탄생한 것이다. 일라는 불가능을 가능하게 만든 존재이며, 그녀의 두 딸은 현 세대와 새로운 세대를 이어주는 끈이 되었다.

선이라는 단어는 착하다, 좋다, 훌륭하다 등 다양하게 해석되는데 이 영화에서는 일말의 가능성, 희망의 상징으로 그 의미가 확장되었다. '선'의 존재가 노아의 가족 중 가장 약한 인물인 일라와 그녀보다 더 약한 존재인 두 딸이라는 것은 선을 지키고 보호하기 위해서 노력이 필요함을 의미한다. (탁월한 분석!)

노아가 충실하게 신의 계시를 따랐다면 '선'의 상징으로 생각했을 것이다. 하지만 평범한 아비로서 가족을 지키려는 마음과 정의라는 이름으로 행해야 하는 잔인한 행동 사이에서 겪는 내적 갈등, 특히 일라가 쌍둥이 딸을 낳게 되자 그 아이들을 살해할 결심을 하게 될 때 나타난 그의 무자비함은 인간적이되 선하다고 생각되지는 않았다.

악의 존재는 두말할 나위도 없이 마지막으로 방주에 몰래 올라탄 '두발가인'이 될 것이다. 두발가인은 노아와 끝까지 대치하는 인물로 선조부터 죄를 저지른 아담과 카인의 후손이다. 하지만 그의 역할이 악의 화신으로만 끝나지는 않는다. 노아의 둘째 아들 함의 불만과 반항심에 불을 지폈으나 그를 소년에서 어른으로 성장시키는 결정적인 역할을 했다. 또한 함을 장수로 인정하여 가족의 품을 떠나 독립하게 만드는 멘토이기도 하다.(시제의 불일치!)

영화를 보고 나서 천사와 악마의 모습을 그리고 싶어 했던 화가의 이야기가 떠올랐다. 화가는 목동이던 한 아이의 모습을 보고 천사의 모습이라 생각하여 그 아이의 얼굴을 그렸다. 악마의 얼굴을 찾기 위해 아주 오랫동안 찾아 헤매다가 한 부랑자의 모습을 보고 그의 얼굴을 그리기 시작하는데, 그 부랑자가 바로 천사의 얼굴을 가진 목동이었다는 이야기다. 노아에서도 결국 선과 악은 인간에게서 발견할 수 있는 보편적인 모습임을 이야기하고 있다.

'다빈치 코드'와 같이 성경에서 모티브를 따 온 영화는 항상(대체로) 반 기독교적이다.(반 기독교적인 성향을 드러낸다. '~~적'은 관형격이므로 뒤에 명사가 나와야 완결성을 갖는다!) 성경을 왜곡했다는 논란에 휩싸이기 마련이다. 영화 장르가 드라마, 판타지로 구분되어 있는 만큼(전제로서의 논리가 미약합니다. → 다 함께 대안을 제시해 볼까요?) 성경과의 일치 여부는 잠시 내려놓는다면 영화를 재미있게 감상할 수 있을 것이다. (K 회원)

최준영 작가의 코멘트 : 아주 훌륭한 리뷰입니다. 특히 맹목적으로 영화의 줄거리를 좇는 대신 자신이 설정한 주제어, 혹은 하나의 관점에 입각해서 리뷰 해 나간 것이 단연 돋보입니다. 제가 강의 때 강조했던 것이 바로 그것입니다.

표현이 안정적이고, 간결함이 돋보이지만 문장의 디테일(특히, 논리를 구성할 때)에 조금 더 신경을 써야 할 것 같습니다. 물론 지금 상태로도 충분히 잘 쓴 리뷰이지만 말입니다.

당신의 삶을 기록하면 하나의 작품이 된다.

-스위스 저술가 로제마리 마이어 델 올리보-

'행복한 책' 회원들의
다양한 독서 노트 활용법

　행복한 책 회원들 대부분은 디지털 시대에 맞추어 스마트폰으로 독서 노트를 정리하지만, 아날로그식 형태의 독서 노트에 맞추어 손글씨로 다이어리에 정리하는 회원들도 있다. 요즘은 접어서 가지고 다닐 수 있는 얇은 블루투스 키보드가 많아, 언제 어디서나 인터넷에 접속해서 자유롭게 글을 남길 수 있다. 회원들은 네이버 블로그나 페이스북에 서평을 올리기도 하고, 스마트폰의 메모앱 형태의 에버 노트 또는 삼성 S-노트 등을 활용해서 서평 또는 후기를 정리하기도 한다.

　여기에서는 회원들의 다양한 독서 후기 방법을 한번 살펴보기로 하자.

1. 네이버 블로그를 이용한 A회원의 독서 후기

    A회원은 네이버 블로그를 애용한다. 네이버 블로그는 책의 이미지를 검색만으로 끌어와 간단한 서평을 남길 수 있는 템플릿이 제공되어 있다. 템플릿을 활용하면 수정 및 삭제가 편할 뿐만 아니라 많은 사람들과의 공유도 편해진다.

2. 클라우드를 이용한 B회원의 독서 후기

    B회원의 독서노트는 마인드 맵으로, 다양한 어휘를 늘리는 것이 목적이다. 그는 장황하게 서평을 쓰는 것보다 어휘를 확장하고 싶은 욕구가 강하다. B회원은 책을 읽은 후, 책 내용 중 본인이 생각한 좋은 어휘에 형광펜

으로 밑줄을 긋고, 디지털 마인드맵으로 옮겨 놓는다. 명사도 좋고 동사도 좋다. 본인이 잘 쓰지 않은 어휘를 마인드맵으로 만들어두고, 간단한 글을 쓸 때나 서평을 남길 때 기억을 되살리며 활용한다. 마인드맵을 만들면 다양한 어휘가 구조적으로 한눈에 들어올 뿐만 아니라 기억하기도 편하다고 한다. 그리고 언제 어디서든 접속해서 볼 수 있도록 클라우드(CLOUD) 기반의 디지털 마인드맵을 활용한다. B회원은 www.mind42.com을 적극 추천했다.

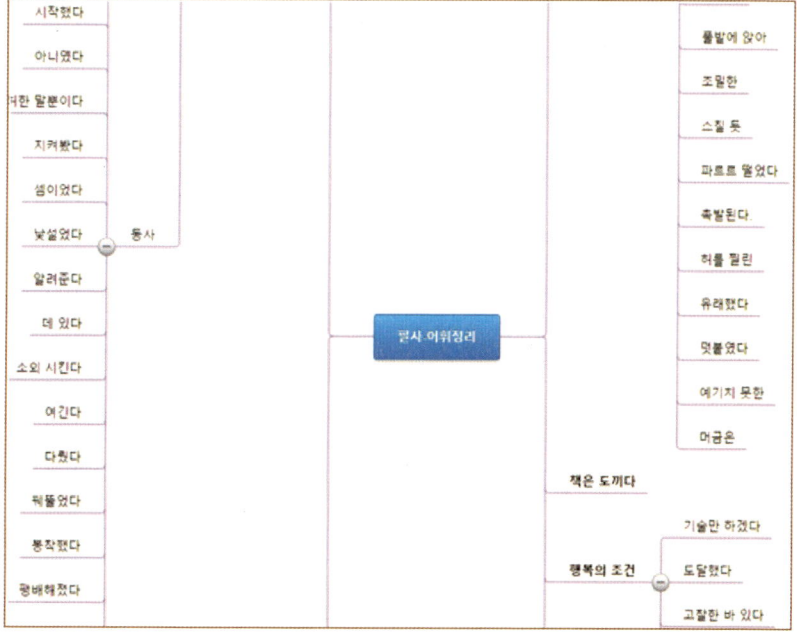

3. 인터넷 서점 사이트를 활용한 C회원의 독서 후기

온라인 서점인 Yes 24는 서평을 쓸 수 있는 블로그를 할 수 있는 공간을 제공하는데, C회원은 Yes 24.com의 파워 블로거다. C회원은 책에서 밑줄을 그었던 내용을 필사하고 그에 대한 단상을 정리하는 것으로 후기를 작성한다.

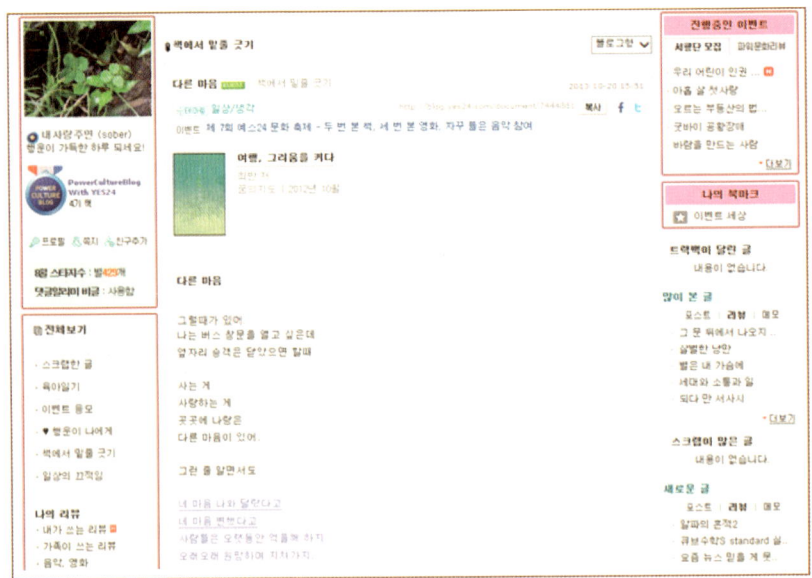

4. 스마트폰을 활용한 E회원의 독서 후기

E회원은 스마트폰을 활용해서 독서 후기를 작성한다.

E회원의 S-노트에는 그가 지금까지 읽은 책의 목록이 고스란히 정리되어 있다. E회원은 권영식의 '다산의 독서 전략'이라는 책을 읽고 다산의 독서 방법을 그대로 따르고 있다.

다산의 독서법은 정독(精讀), 질서(疾書), 초서(抄書) 3가지로 정리할 수 있다. 정독은 새로운 것을 발견하기 위해 책의 내용을 면밀하게 읽는 독서법을 말하고, 질서는 책을 읽으면서 깨달은 것을 잊지 않게 위해 그때그때 메모하는 것을 말한다. 초서는 책을 읽다가 중요한 문장이 나오면 그대로 옮겨 적는 것으로, 우리가 흔히 말하는 발췌가 곧 초서이다.

E회원은 독서에 앞서 읽고 싶은 책의 분야를 먼저 선정하고, 선정된 분야에서 베스트셀러 또는 스테디셀러의 책을 최소 10권 정도 선정한다. 같

은 분야의 책이므로 전달 내용이 유사하고 반복되는 부분이 많아진다. 처음 1~4권은 읽는 속도가 더디지만, 5~10권부터는 가속도가 붙는다. 더불어 유사한 내용을 반복해서 읽다 보면 복습 효과도 생긴다.

E회원은 자신이 알고 싶은 분야의 책을 10권 정도 읽은 후, S-노트로 책 표지 이미지를 인터넷으로 다운 받아 정리해 둔다. 책 표지에 대한 기억이 가장 강렬하기 때문에 책 표지만 보면 오랜 시간이 지나도 필요한 핵심 부분이 생각나기도 하고, 어떤 때는 읽은 내용 전부가 그대로 떠오른다고 한다

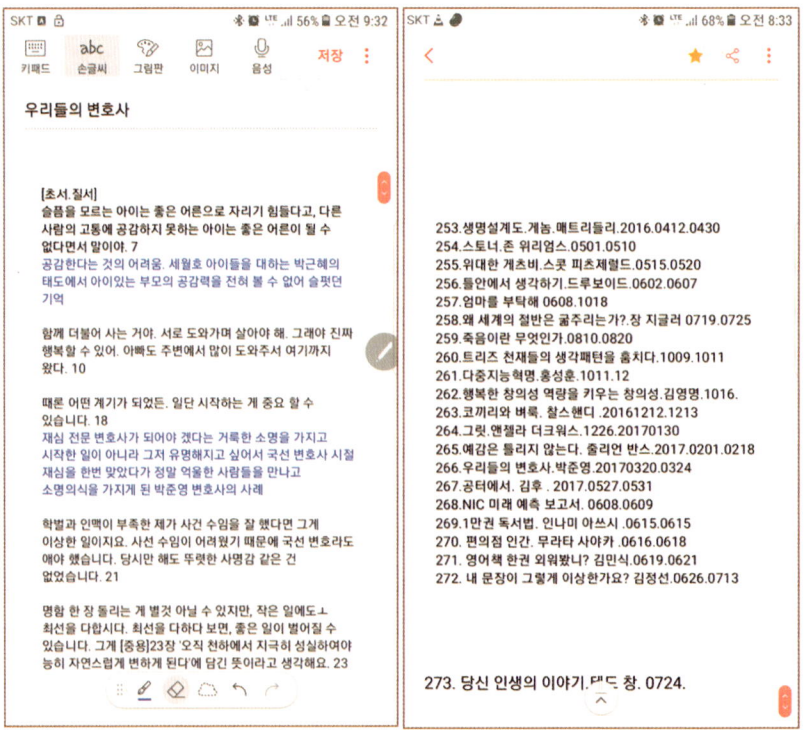

E회원은 책을 읽을 때는 형광펜 또는 연필로 '기억에 남는 문장', '내 가슴을 찌른 문장'에 줄을 긋는다. 책을 다 읽은 후에는 책을 왼쪽에 두고 블루투스 키보드를 활용하여 S-노트에 적어 놓고 그 옆에 해당 페이지를 적어 놓는다. 즉 초서를 하는 것이다.

초서를 하면서 인용할 문장을 표시해 두면 서평을 쓸 때 인용 부분을 쉽게 알아 볼 수 있어 서평 작성에 용이하다고 한다.

또한 책을 읽기 시작한 시점과 끝난 시점을 정리해 두면 책을 어느 정도의 속도로 읽었는지 알 수 있어 독서 계획을 세우는데 도움이 된다. 책을 빨리 읽었다는 것은 책에 대한 몰입도가 높고 재미있게 읽었다는 의미로 해석할 수 있다.

"모든 위대한 책은 그 자체가 하나의 행동이며
모든 위대한 행동은 그 자체가 한 권의 책이다."

- 독일의 성직자 마르틴 루터 -

Reading 4
실천 독서, 나눔의 기쁨을 맛보다

우리는 왜 사회봉사를 하는 것일까? 자신의 삶도 소중하지만 자신보다 남을 생각하는 삶이 더 소중하기 때문이다. 함께 하는 삶이 행복하다는 것을 깨닫지 못한다면 삶의 의미를 찾기 어렵다.

> 긴 하루 끝에 좋은 책이 기다리고 있다는 생각만으로
> 그날은 더 행복해진다.
>
> -미국의 작가 캐슬린 노리스-

독서 목표를 세우고 실천하면 결과로 이어진다

직장인들이 연초에 가장 많이 하는 자기계발 목표는 무엇일까?

직장인들은 '운동을 하겠다', '자격증을 따겠다', '영어 점수를 올리겠다' 등 자신에게 필요한 1~3개 정도로 새해 계획을 세운다. 이 중에 빠지지 않는 새해 목표가 독서다. '올 한 해에는 10권의 책을 읽겠다'는 독서 목표를 세우기도 하지만 독서를 좋아하지 않은 한 한 해에 책 10권을 읽기도 쉽지 않다. 하지만 직장 생활의 바쁜 일상 속에서 연초의 의지를 가지고 꾸준히 목표를 달성하는 직장인도 목격된다.

한 조직에 속한 직장인도 열심히 목표를 세우고 실천하지만, 기업은 성과 달성을 위해 더욱 체계적으로 목표를 관리한다. 한 해의 매출 목표, 시장 점유율 확대와 같은 구체적이고 세부적인 목표들을 세우고, 마케팅·개발·생산·인사 등 해당 분야의 세부 목표를 구체화하고, 체계적으로 목표

를 관리하고 운영한다. 이것이 조직부터 개인의 업무에 이르기까지 성과를 관리하기 위한 목표 관리 시스템, MBO(Management By Objectives)이다.

피터 드러커는 저서 '경영의 실제(The Practice of Management)'를 통해서 MBO개념의 경영 방식으로 이를 소개했으며, 목표 관리 기법을 체계적으로 주장하여 널리 일반화되었다.

직장인의 경우 회사의 목표 관리 시스템에 익숙해져 있다면, 독서에 있어서도 MBO와 같은 방법을 응용하여 자기 경영 차원에서 독서 목표를 세우고 구체적인 계획을 통해 실천하면 도움이 될 것이다. 세운 목표를 달성하지 못하고 실패해도 괜찮다. 작심 3일을 반복하면서 새롭게 목표를 세우고 꾸준히 실천하면서 목표를 달성해 나가면 된다.

독서 계획에 있어서 몇 권을 읽겠다는 양적 목표를 잡는 것보다, 내 마음 속에 간직할 만한 명문장이 있는 책 몇 권을 손에 쥐겠다는 질적 목표를 잡는 것이 좋다. 아니면 몇 권 정도 읽겠다는 한 해의 목표를 불투명하게 잡되, 내 마음을 감동시킨 명문장이 다수 포함된 책, 밑줄을 긋다 보니 어느새 한 권 다 밑줄을 긋게 된 책, 통찰과 감동으로 하룻밤을 꼬박 세워 읽은 책 등, 독서 목표를 '한 해에 내 인생을 변화시킬 만한 책 한 권을 읽으면 그 해의 독서 목표를 달성했다고 본다.'로 잡는 것도 좋다.

사실 행복한 책 회원들은 몇 권의 책을 올 한 해에 읽겠다는 양적인 목표보다는 질적 목표에 치중한다. 책을 읽는 행위는 내 인생의 깨달음과 변화를 모색하는 것이지, 어떤 정해진 목표를 달성하기 위한 것이 아니기 때문이다. 다독을 해야 양서를 구분하는 눈이 생기지 않겠냐는 반문도 있겠지만, 처음부터 많은 양의 독서를 목표로 잡으면 심적 부담이 커져서 어려울 뿐만 아니라, 진도도 많이 나가지 않는다. 그냥 편안한 마음으로 아이(Eye)쇼핑하듯 문득 손에 잡히는 책을 읽었는데 마음이 풍요로워지고 인생에서 잊지 못할 나만의 '내 인생의 책'이 되는 경우가 종종 있다.

행복한 책 회원인 J는 사회과학 책을 즐겨 읽는다. 회사에서 논리적으로 설득해야 하는 일이 많다 보니, 인간관계에서 일어나는 사회현상과 사회적 행동을 탐구하는 사회과학 책을 꾸준히 읽어온 것이다. 그는 논리성을 갖춘 '김상욱의 과학 공부'와 같은 종류의 책을 좋아한다고 밝혔다. J는 무엇보다도 회사 업무에 많은 도움을 받고 싶은 것이다. 하지만 한 분야의 책만 읽다 보니, 다른 분야의 독서에 너무 소홀한 것 같아 행복한 책 회원들의 권유로 인문학에 관심이 생겨 '노자의 도덕경'을 읽어 보자는 새로운 목표를 세웠다. J에게는 큰 도전이고 목표였다. 사회과학 책을 줄곧 읽어온 터라 처음에는 인문학 책이 잘 읽혀지지 않았는데, 회원들의 격려에 힘입어 끝까지 읽게 되었다고 한다.

노자의 도덕경 제 17장에는 太上 下知有之 悠兮基貴言(태상 하지유지 유혜기귀언)이란 말이 있다. 가장 이상적인 지도자는 백성들이 통치자가 있다는 것만 알게 하는 사람으로, 지도자의 간섭은 무척 염려스럽다는 뜻이다. 즉, 리더는 불필요하게 간섭과 통제를 하지 않고, 자신의 업무 방식 또한 강요하지 않는다는 말로 해석할 수 있다.

J는 이 말이 조직의 리더가 부하 직원이 하는 일에 일일이 신경 쓰는 것이 아니라, 일을 한번 맡겼으면 충분히 시간을 주고 신뢰하며, 일의 진척에 있어서 조급함을 내세우지 않아야 한다는 깨달음을 얻었다고 한다. J는 새

로운 분야의 책을 읽는 것과 깨달음을 얻는 것을 목표로 잡고 꾸준히 실천해 보니, 전보다는 한결 마음이 편해지고 회사 일도 잘 풀린다는 것을 느끼게 되었다고 한다. 결국 새로운 분야의 책을 읽겠다는 목표를 가지고 실천을 통해 통찰을 얻게 된 셈이다.

 책을 읽고 꼭 필사를 해 보겠다는 목표를 세우고 꾸준히 실천한 K는 책을 읽으며 좋은 문장을 정리하고 필사한지 벌써 4년이 되었다. K는 독서량이 많다. 지금은 습관이 되어 편안한 취미 중의 하나가 되었지만, 전에는 책을 읽고 간단히 독서 목록만 남겼다고 한다. 그러나 40대 중반이 되어 가다 보니 책 내용이 거의 기억나지 않아 책을 읽는 과정에서 생각난 것, 사유한 것을 모두 메모지로 옮겨 글로 적어 봐야겠다는 목표를 세웠다고 한다. 이와 더불어 책에 밑줄을 그은 좋은 문장도 같이 필사하기로 했는데, 처음에는 책의 내용을 기억해 내는 방법으로 무엇이 있을까 고민하다 생각해 낸 방법이지만, 지금은 필사가 습관이 되었다고 한다. K의 '1책 (B5용지) 1쓰기' 목표는 이제 익숙해져서 책을 읽고 손으로 옮겨 놓은 문장들은 대부분 기억해 낸다고 한다. 그로 인해 지인들에게 자연스럽게 좋은 책을 추천할 수 있게 된 K는 필사한 책들은 책을 세 번 읽는 것과 같다고 말한다. 독서는 눈으로 읽고, 내 생각을 읽고, 책의 명문장을 또 쓰면서 읽는다. 책은 읽는 대상이자 생각의 대상이고, 쓰는 대상인 것과 같으며, 결국 몇 권의 책을 읽겠다는 목표도 중요하지만 책을 읽으면서 책의 명문장을 꼭 필사해 보겠다는 목표를 잡아보라고 권했다.

한편 A부사장님은 재미있는 방식으로 독서 목표를 소화한다. 우선 서점 쇼핑을 하면서 읽고 싶은 책을 10여 권 사는데, 결국은 읽지 않더라도 마음에 끌리는 책은 일단 산다. 그리고 사온 책을 책상 위에 수북이 쌓아 놓는다고 한다. 이렇게 책상 위에 쌓여 있는 책을 보면 가시적인 목표가 생기고, 한 권 한 권 읽고 난 후에는 책장에 꽂아 놓는다. 책은 책장에 꽂혀 있어야 정상이지만, 먼저 산 책이 책상 위의 공간을 차지하고 있으면, 어떤 작업을 할 때 책상 위의 공간 활용이 그만큼 어려워진다. 따라서 빨리 책을 읽어서 책상을 넓게 쓰고 싶은 욕구를 잘 활용해서 자신만의 책 독파 방법을 재미있게 목표화 한 것이다.

나는 독서에 있어서 한 분야의 책만 치우쳐서 읽는 것은 바람직하지 않다는 생각을 해왔다. 하지만 생각과는 달리 실용 도서를 주로 읽게 되었고, 다른 분야의 책을 읽고자 하는 노력은 허사로 돌아갔다. 사교적인 성격 탓에 혼자 읽는 것은 재미가 없었고, 다른 사람들은 어떻게 책을 읽을까 궁금하기도 했다. 결국 나는 책을 읽는 습관을 들이고자 독서 동호회를 만들어 책을 좋아하는 사람을 모으고 서로 교류하는 것을 목표로 잡았다. 목표한 대로, 행복한 책 동호회를 만들어 같이 읽으면서 같은 분야의 책을 선호하는 사람을 만나기도 했고, 다른 분야, 즉 인문, 정치, 에세이를 선호하는 다양한 사람들을 만나기도 했다. 책을 읽고 영감을 받은 이야기를 동호회를 통해 잠깐이나마 듣고 있으면 그 분야의 책을 읽고 싶다는 호기심이 불현듯 생기고, 호기심은 실제로 읽고 싶은 마음으로 연결되기도 했다. 마음이 생기면 당연히 도서관이나 서점을 찾아가서 그 책을 대여하거나 구매해서 실제로 읽는 행동으로 옮겨졌다.

삼성전자의 사내 인트라넷에는 네이버 카페나 밴드처럼 관심사를 공유할 수 있는 모자이크(MOSAIC, '우리는 나보다 똑똑하다'라는 슬로건 아래 2014년 사내 인트라넷에 오픈한 집단 지성 플랫폼)라는 시스템이 있어 손쉽게 온라인 커뮤니티를 만들 수 있다. 나는 이곳에서 '공지 사항', '독서 노트', '필사 게시판', '자유 게시판' 등을 운영해 왔다. 이곳에 있는 '독서 노트' 게시판에는 아래의 표와 같은 형식으로 독서 목표가 공유되고 있다.

'독서 노트' 게시판은 자신이 세운 목표를 회원들에게 보여주어 스스로가 목표를 달성하도록 촉진시키고, '한줄평'을 통해 책에 대한 평가를 회원들과 함께 공유하고 있다.

| 독서 노트 게시판으로 독서 목표를 공유한 사례 |

1. 독서 전

　책 제목/장르/기간 : 읽고 싶은 책의 제목과 장르, 읽는 기간을 명시하고 읽기 전에 공유한다.

　(공개적으로 읽을 책을 공유하면 선언의 효과와 더불어 독서 목표가 생긴다.)

2. 독서 중

　진척률 : 진척률은 책을 읽는 진행사항을 %로 표현한다.

3. 독서 후

　추천도/한줄평 : 추천도는 5점을 기준으로 추천 정도를 표기하며 한줄평은 책에 대한 서평을 간단히 기술한다.

연번	책 제목	장르	기간	진척률	추천도	한줄 평
1	합법적으로 세금 안 내는 110가지 방법	경제 (정보)	6.27~7.29	100%	★★★☆☆	상속세·증여세·양도소득세 등의 절세 관련 정보 서적으로, 알아두면 절세에 많은 도움이 될 서적임.
2	자본론 (학습만화)	철학·경제	2.29~4.4	20%	★★★★★	총 3권의 방대한 분량의 도서를 바로 접하는 것보다 초등학생이 이해할 정도로 쉽게 설명이 되어 있어 자본론 맛보기로 좋음.
3	미움받을 용기	심리학	3.3~3.10	90%	★★★☆☆	인간관계 문제에 있어서 프로이트의 원인론적 사고를 부정하고 목적론 사고를 주장하는 아들러의 개인 심리학 책이다. '관계 분리', '공헌감' 등이 행복을 느끼는 시작점이다.

타인에게 자신의 힘을 나누어 주고 마음을 열어주는 것은
자신의 삶을 행복하게 하는 방법이다.

-데일 카네기-

배워서 남 주는 독서가 진짜 독서다

내가 고등학교를 다닐 때는 정규 수업이 끝나면 항상 '야간 자율학습'을 했다. 하지만 자율이라는 말과는 다르게 밤 10시까지 남아서 무조건 공부를 해야 했다. 매일 이런 생활을 반복하니 당연히 몸은 피곤했고 다음 날의 수업과 이어지는 야간 자율학습 시간에는 꾸벅꾸벅 졸기 일쑤였다. 자율 학습을 감독하는 선생님은 연신 잠을 깨라며 귓불을 잡아당기거나 등을 한 대씩 때리셨고, 그럴 때마다 항상 잊지 않고 던지시는 말이 아직도 기억에 선명하다. "배워서 남 주냐!"

배우면 다른 사람들에게 지식을 주는 것도 아니고 스스로 공부한 것은 훗날 자신의 발전을 위한 것이니 졸지 말고 자신을 위해 열심히 공부하라는 말이다. 하지만 과연 배우는 것이 나만을 위한 일일까? 남에게 나누어 주기 위해 배운다면 지식이 더 군건해지지 않을까? 유가의 경전 '예기'에는 "남에

게 가르치는 것은 반은 배우는 것이 된다."라는 말이 있다. 누군가를 가르치려고 공부를 하다 보면 대충 알고 넘어가는 것보다 명확한 이해가 필요하므로 이미 반을 배우게 된다는 말이다.

더욱이 누군가에게 어떤 것을 설명하며 궁금한 것을 질문하거나 조언을 얻으려고 할 때, 상대방이 내 의도를 잘 파악하지 못하는 경우가 종종 있다. 이때 좀 더 쉽고 자세하게 부연 설명을 하다 보면 섬광이 일듯이 스스로 해답을 찾게 되는 경우가 있다. 머릿속에만 있는 궁금증을 말로 표현하고 질문하면서 스스로 답을 찾게 되는 것이다.

이와 관련해서 EBS에서 방영된 '공부하는 인간'에 소개된 이스라엘의 '하브루타(Havruta) 공부법'은 매우 인상적이다. 유대교 경전인 '탈무드'를 공부할 때 주로 사용하는 방법인 '하브루타(Havruta) 공부법'은 학생들끼리 짝을 이루어 서로 질문을 주고받으며 논쟁하는 유대인의 전통적인 토론 교육 방법이다. 이는 우리나라 도서관처럼 조용히 혼자 앉아 지식을 축적하는 방식과는 상당히 대조적이다. 하브루타 공부법처럼 짝을 지어 자기가 알고 있는 지식을 나누고 서로 토론하다 보면 상대방의 다양한 시각과 견해를 자연스럽게 알게 되어 개인의 학습과 성장에 큰 도움을 준다.

신입사원으로 회사에 입사를 하게 되면 모든 것이 낯설다. 업무 보고 방식, 회사 시스템, 선배와 상사와의 관계 등 새로운 것들을 하나하나 익혀야 한다. 그리고 무엇보다 자기가 수행하는 직무에 대해 잘 이해하고 적응해 나가야 하는데, 업무 수행의 기본적인 내용은 해당 업무를 잘하는 선배가 OJT(On The Job Training)를 통해서 알려주지만, 본인이 그 내용을 잘 수용하고 적극적으로 업무 노하우를 쌓아 나가야 할 필요가 있다.

신입사원들이 업무를 익히는 가장 좋은 방법은 해당 직무와 관련해서 선배들을 대상으로 '세미나'를 하는 것이다. 세미나는 해당 기술 내용을 선행 학습하여 남에게 가르치는 행위이므로, 해당 분야의 베테랑 앞에서 직무기술 세미나를 하게 되면 긴장을 많이 하게 된다. 또한 선배들이 어떤 질문을 던질까 두려워 많은 준비를 하게 되는데, 이러한 과정 속에서 자연스럽게 생각의 폭이 깊어질 뿐 아니라 다양한 직무 지식을 익히게 된다.

독서는 입력(Input) 행위지만, 책을 통해 사고하고(Think), 토론하고, 쓰는 것은 출력(Output) 행위이다. 상대방을 가르치거나, 설명하거나, 발표하거나, 쓰는 행위 등 모든 것이 자신의 생각을 정리해서 남에게 전달하고 출력하는 행위인 것이다.

내가 얻은 지식으로 남을 가르치는 행위, 어떤 내용을 부연 설명하다가 스스로 깨닫는 것, 질문하고 토론하는 '하브루타' 공부 방식, 회사에서 선배를 대상으로 신입사원이 세미나를 하는 것, 이 모든 것은 출력을 위해서, 남에게 주기 위해서, 내가 더 공부하는 이치다. 이런 개념을 바탕으로 '행복한 책' 동호회는 남에게 주기 위한 출력 방법을 다양하게 만들어 운영하고 있다.

행복한 책 동호회의 출력 방법을 요약해 보면 다음과 같다.

1. 서평/리뷰 쓰기

　책을 읽고 서평을 남길 때 일반적인 독후감을 쓰는 것이 아니라, 저자의 핵심 주장이 무엇인지를 분석하고, 서평자의 주관적 판단과 기준을 제시한다. 이때 저자가 제시하는 입장을 면밀히 분석하고 그에 대한 평가를 수반한다.

　서평/리뷰 쓰기는 생각을 출력하는 행위로, 책을 읽을 때 서평/리뷰를 염두에 두고 글을 읽으면 책을 대하는 태도가 달라진다. 이러한 서평은 사내의 행복한 책 커뮤니티의 온라인 게시판에 올려서 회원들과 공유한다.

2. 독서 토론 하기

　독서 토론은 한 달에 한번 이루어지며, 먼저 발제(또는 질문)를 통해 팀원들과 사전에 생각할 거리를 공유하고 발언 내용을 정리한 후에 토론에 참가한다.

　예를 들어 이달의 독서 토론 도서가 반고흐의 '영혼의 편지'라면, 회원들은 다음과 같은 사전 질문을 받게 된다.

- 책에 대한 전반적인 느낌은?
- 평소 미술에 어떤 관심이 있는가?
- 유독 후기 인상파 작가들, 특히 고흐가 한국(아시아)에서 인기가 많은데 그 이유가 무엇이라고 생각하는가?
- 고흐처럼 살아서 인정을 받지 못하고 후세에 인정받는 삶에 대해 어떻게 생각하는가?

- 책의 가장 좋은 문구와 그 이유는 무엇인가?
- 본인에게도 고흐의 동생 테오처럼 자신의 이야기를 나눌 사람이 있는가?
- 특별히 소개할 내용이 있는가?

이렇게 사전 질문을 받으면 독서 토론 참가자는 미리 생각을 정리하고 어떤 식으로 발언할지 고민을 하며, 독서 토론 현장에 와서 본인의 생각을 이야기(출력)한다.

3. 감동적인 문장 필사하기

매일 책 속의 좋은 문장이나 감동이 되는 문장을 짧게 필사하여 행복한 책 게시판에 올려놓고 전체 회원들에게 메일로 보내면, 이를 확인한 회원들은 해당 문장을 게시판 댓글을 활용하여 직접 키보드로 입력하는 미션을 수행한다. 좋은 문장은 눈으로 읽는 것보다 손으로 한 글자 한 글자 입력하면 좋은 문장의 감동이 그대로 마음으로 전달된다. 필사하기는 머릿속 또는 마음속에 머물러 있는 감정을 표현하는 출력 행위이다.

4. 3분 스피치로 책 소개하기

행복한 책 회원들은 매주 금요일 점심에 모여서 본인이 읽은 책을 소개하고, 특히 감명을 받았던 문장을 스피치한다. 짧게는 몇 페이지만 읽은 회원이 있는가 하면 일주일에 책 한 권을 다 읽은 회원도 있다. 책 한 권을 다 읽은 회원은 책의 핵심 내용을 정리해서 3분간 설명을 해야 하는데, 이를 위해서는 요약하고 정리하는 스피치 능력이 필요하다.

5. 북 세미나 하기

분기별 또는 반기별로 책 내용을 정리해서 사업부 전체 게시판에 공지하고 내용을 공유한다. 북 세미나는 책 한 권을 요약해서 전체를 발표해야 되므로 좀 더 많은 노력이 필요하다.

6. '새벽 기상' 실천 소모임 운영

행복한 책 독서 동호회에는 새벽 5시에 기상하여 책을 읽는 실천 소모임(일명 '단군')을 운영하고 있다. 구본형 작가가 주창했던 자기만의 하루 2시간을 만들어 본인의 재능을 발견하자는 것이 큰 모티브가 되었는데, 새벽 시간에 책 속의 실천 사항을 점검하고 이를 실천하면서 상호 동기부여를 한다. 이렇게 새벽에 기상하여 실행으로 옮기는 것도 출력 행위의 하나이다.

7. 사회봉사를 통한 재능 교육 기부하기

분기에 한번 사회봉사 활동으로 하루 교사가 되어 내가 책을 통해 얻은 지식을 나누어 준다. 사회봉사를 통해 누군가를 돕는다는 자부심도 생기고, 준비하는 과정에서 나 또한 성장한다.

독서는 음식을 먹는 것과 같다. 조용히 잘게 씹으면 그 맛이 오래가지만 시끄럽게 마구 씹어 삼키면 끝까지 맛을 모른다.

-중국의 사상가 주희-

베스트셀러 도서를 통해 알아보는 실천 독서법

참새는 방앗간을 그냥 지나치는 일이 없다. 나도 서점 앞을 지날 때면, 서점에 들어가서 신간을 찾아본다. 그 달의 베스트셀러를 검색해 보거나 매대에 놓인 책을 훑어 보다 끌리는 책이 있으면 잠시나마 독서 삼매경에 빠진다. 읽은 페이지에서 감동이 밀려오는 문장을 만나면 핸드폰을 꺼내 들고 해당 페이지를 찰각 찍어 놓기도 한다.

언젠가 독서광인 누나와 함께 서점을 방문한 적이 있다. 누나는 '아프니까 청춘이다'라는 책을 집어 들고 서문을 가볍게 읽더니 "너도 책을 내고 싶다고 했잖아. 책을 쓰고 싶다면 베스트셀러 도서를 먼저 읽어 보고 독자들이 많이 공감한 이유를 찾아보는 것이 어때? 독자의 입장이 되어 보고 작가로서 글을 써 보는 게 좋지 않을까?"

나는 누나가 건넨 책을 단번에 읽기 시작했다. 누나의 말대로 어떤 요소로 인해 베스트셀러가 되었는지 궁금증이 발동했다.

'어떤 내용을 담았기에 200만 부가 팔린 베스트셀러 도서가 되었을까? 무엇이 독자로 하여금 많은 공감을 얻었을까? 시대의 트렌드를 어떻게 반영한 것일까? 책에서 전달하는 핵심 메시지가 어떻게 많은 사람들에게 의미 있게 전달된 걸까? 출판사의 전략적인 마케팅이 주효했던 것일까? 작가의 인지도 때문일까?'

내 머릿속에 갖가지 생각이 떠올랐다. 하지만 하나의 요소만으로 베스트셀러가 된 것이 아니라, 당시의 시대적 상황과 책의 핵심 메시지가 제대로 전달되었기 때문에 베스트셀러가 되었을 것이다. 당시에는 '힐링'이라는 키워드가 대세였고, 김난도 교수는 진로를 정하지 못한 청춘들에게 앞으로 어떻게 해야 할지 책을 통해 많은 위안을 주었다.

지금 이 시대의 청년들은 사회에 첫발을 내딛는 과정이 너무나도 험난하다. 나 또한 취업을 할 때 걱정이 많았다. 50여 곳에 지원서를 쓰면서 낙방을 거듭했고, IMF 이듬해에 어렵게 취직을 했지만, 힘든 시기를 겪었다. 나름대로 학업을 충실히 했다고 자신했지만, 사회에서 나를 바라보는 시각은 냉철했다.

최근에 혼자 술을 마신다는 '혼술'이 유행인데, 나는 그때 정말 혼술을 많이 했다. 하지만 한편으로는 마음을 다잡기 위해 격려와 위안이 되는 책을 읽으며 마음을 새롭게 했다. 이때도 책은 나를 일으켜주는 든든한 후원자였다. 책에서 던지는 메시지를 그냥 읽고 마는 것이 아니라, 실천할 수 있는 항목들을 수첩에 적고 틈날 때마다 꺼내 보며 한걸음 한 걸음 나아감으로써 미래에 대한 불안감을 덜어 냈다. 훗날 직장을 잡고 사회생활에 적응해 나가면서 책을 통한 꾸준하고도 작은 실천이 큰 성취로 연결된다는 교훈을 얻었다.

일반적으로 자기계발 도서를 바라보는 비판적인 시각이 있는데, 그것은 '시크릿'과 같은 허무한 신비주의를 전달하거나, 작가 자신도 책의 내용과 일치하지 않는 삶을 살면서 독자에게 메시지만 던지기 때문이다. 간혹 저자의 진솔한 경험은 묻어나지 않고 의미 없는 사례만을 열거해서 비판을 받는 자기 계발 도서들을 보게 되는데, '아프니까 청춘이다' 또한 사회의 구조적인 문제는 외면한 채 불안한 청춘들을 어루만지는 대가로 이득을 취한다는 일부 의견도 있었다.

베스트셀러 도서는 많은 사람들의 공감을 불러일으키는 만큼 비판 또한 많이 받게 된다. '아프니까 청춘이다'라는 책은 나에게 있어 인생을 먼저 깨우친 선배의 조언을 진솔하게 들을 수 있는 좋은 계기였다. 직접 저자와 소통하고 싶은 나머지, 저자가 운영하는 트렌더스 날(매년 초에 출간하는 '트렌드 코리아'의 트렌드 리서치 모임)을 신청해서 활동하며 저자와 책의 주제를 놓고 심도 있게 논하기도 했다. 독자인 내가 만나본 김난도 교수는 책에서 받은 느낌과 일치했다.

결국 자기계발 도서든 인문학 도서든 궁극적으로는 '책의 내용을 어떻게 긍정적으로 해석할 것인가'와 '어떻게 내 삶에 실천적으로 적용할 것인가'를 고민하는 자세로 읽는 것이 필요하다.

다음은 '아프니까 청춘이다'에서 내 삶에 실천할 수 있는 항목을 10개 정

번호	페이지	좋은 내용(밑줄 친 문장)	나에게 적용해 볼 실천 항목
1	16p	인생 시계 계산법 (1년은 18분, 10년은 3시간)	나의 인생 시계를 만들어 책상에 놓기 (아직 오후 2시도 되지 않았다)
2	47p	나는 무엇을 원하는가? 나는 무엇을 할 때 행복한가? 나는 무엇을 가장 잘하는가? 나는 누구인가?	회사에서 하고 싶은 일의 목록을 만든 후에 하나씩 실천하고 연말에 점검하기 내가 가장 행복했을 때는 사회봉사를 했을 때이므로, 회사에서 봉사 모임을 만들어 추진하기
3	72p	진정한 성취란 확고한 목표, 적절한 방법론, 성실한 실천 이 세 가지가 어우러졌을 때 비로소 가능하다고 생각한다.	주어진 일에 대한 목표를 세우고, 이를 세부적이고 적절한 방법으로 구체화해서 성실히 실천할 것
4	73p	독서로 성공하고 실패한 사람들의 이야기를 읽는다. 대화는 독서만큼이나 유익한 경험의 통로다. 특히 자기보다 많은 경험을 쌓았거나 통찰력을 갖춘 사람들과 나누는 대화는 커다란 깨달음을 준다.	감명 받은 책을 읽고, 저자 세미나에 참석해서 직접 이야기를 나누어본다. · 안상헌 / 안계환 저자 등 세미나 듣기 행복한 책 독서 동호회 주최로 저자를 초빙해서 세미나 듣기
5	122p	인생의 오답 노트	인생의 오답 노트를 써 보자. 성찰 일기를 쓰면서 실수한 일, 후회되는 일을 정리해 보고, 다음부터는 반복하지 않고 잘할 수 있도록 성찰해 본다. · 실수나 후회되는 사건? · 앞으로 반복하지 않으려면? · 더욱 잘할 수 있는 방법은?
6	136p	감사에 행복의 길이 있다. 혹시라도 그대가 깊은 나락에서 좌절할 수밖에 없을 때가 오면, 이 한마디를 기억해 줬으면 좋겠다. 죽고 싶도록 힘든 오늘의 그대 일상이, 그 어느 누군가에게는 간절히 염원한 하루라는 것을.	하루를 마무리하면서 감사일기를 써 보자. 앞에서 언급된 '오답 노트'의 성찰 내용과 감사 내용을 일기 형식으로 써 보자.
7	156p	한두 번의 작심삼일은 당연하다. 중요한 것은 포기하지 않은 것이다. 더딘 것을 염려하지 말고 다만 멈출 것을 염려하라.	지금까지 작심삼일로 끝난 것을 다시 시작해 보자. 먼저, 내 건강을 챙기기 위해 아침 운동(수영)을 다시 시작하자.
8	159p	비린 듯 산뜻한 잉크 냄새로 아침을 맞으라. 인터넷 신문보다 종이신문을 읽어라.	인터넷 신문은 관심 있는 분야만 읽게 되는 반면, 종이 신문은 다양한 정보를 접하게 된다. 종이 신문을 구독하고 출근 전에 30분씩 읽고 출근하자.
9	179p	글의 힘은 세다.	사내 블로그를 만들고 내 전문 분야를 글로 정리하고 공유하기 책을 읽은 후 독서록을 꼭 써 보자.
10	187p	네 이웃의 지식을 탐내라.	당사 TEDx Samsung 활동을 통해 통섭적 지식을 공유하고, 회사의 전문가들과 교류하며, 이들로부터 인사이트를 얻기

도 뽑은 것이다.

　나는 5년이 지난 지금도 실천 항목으로 기술한 '사회봉사', '감사와 성찰일기', '글쓰기', '블로그 활동', '종이 신문 읽기' 등을 꾸준히 실천하고 있다.

　특히 종이 신문을 처음 읽을 때는 무엇이 좋은지 잘 몰랐으며, 매일 아침마다 배달되는 신문을 읽지도 못한 채 출근하는 날이 다반사였다. 그냥 쌓여만 가는 신문을 버리는 것도 여간 번거로운 일이 아니었다. 한때는 날을 잡아 일주일 분량의 신문을 한꺼번에 읽기도 했다. 처음에는 인터넷 신문을 보는 것과 별반 차이 없는 것 같았지만, 1개월 정도 지나자, 종이 신문을 읽는 효과가 슬슬 나타나기 시작했다. 여러 가지 보이지 않던 정보가 눈에 쏙쏙 들어 왔다. 정치, 사회, 문화, 칼럼, 다양한 사람들의 생각, IT/과학, 그날의 이슈 등 내가 그동안 관심을 갖지 않았던 부분까지 자연스럽게 접하게 되었다.

　더욱이 전체를 바라볼 수 있는 힘도 생기기 시작했다. 게시된 인터넷 뉴스를 보거나 필요한 내용을 검색해서 간단히 찾아내는 것이 아니라, 신문을 직접 손으로 넘기며 정보를 얻다 보니 우연한 발견(Serendipity) 효과도 얻게 되었다. 아침에 읽는 신문이 책 몇 권을 읽는 효과와 다름없게 느껴졌다. 이런 정보를 그냥 흘려보내기 아까워서 신문을 스크랩하고 그 내용을 반복해서 보기도 했다. 어디 그뿐인가. 회사에서 업무를 기획할 때도, 미래 기술에 대한 회의를 할 때도, 신문을 통해 얻은 지식이 살아서 활용되었다. 내가 얻은 정보에 다른 사람의 의견이 더해지고 확대 재생산되어 업무 추진에 큰 힘으로 작용하기도 했다.

책은 독자가 어떻게 대하느냐에 따라 그 가치가 달라진다. 중요한 점은 자신의 삶에 책의 메시지를 직접 적용해 보아야 한다는 것이다. 누군가에게는 별다른 의미 없는 책이 내게는 새로운 의미로 다가올 수 있기 때문이다. 책의 교훈을 어떻게 활용하고 실천하느냐에 따라 책을 통해 얻는 효과는 사람마다 천양지차다.

'지적 생산의 기술'의 저자인 우메사오 다다오는 정보는 하늘에 떠 있는 별과 같아서 인간이 일부러라도 의미를 만들어내지 않으면 가치가 생기지 않는다고 했다. 여러 가지 고민이 생길 때, 앞이 보이지 않을 때, 혹은 불안이 슬며시 나를 찾아올 때, 마음이 아프고 힘들 때, 지금까지 그냥 스쳐 보냈던 책을 다시 집어 들고 내 삶에 하나씩 적용하고 실천하며 가치를 만들어 보는 것이 어떨까?

인간에게는 한계가 있지만, 그 한계를 뛰어넘는 것은 독서이다.
탁월한 삶을 꿈꾼다면 책을 읽어라.

-미국의 기업가 빌 게이츠-

PPRCA 독서 노하우를 공유하다

　책을 좋아하다 보니 좋은 책이 있으면 주변 사람들에게 추천을 해주게 된다. 책 전도사가 된 것이다. 나의 꿈은 독서 멘토가 되어 주변사람들에게 책의 교훈을 전하고 그 사람이 해결해야 할 문제에 대한 솔루션을 함께 찾도록 도와주는 것이다. 지금의 멘토와 멘티 개념과 유사하지만 책이 중심이 되어 멘토와 멘티가 연결된다는 것이 차이점이다. 내가 이야기하는 책 멘토는 해당 분야의 전문가가 그 분야의 입문자, 초보자 또는 문제 해결을 원하는 사람에게 해당 분야의 책을 추천해 주어 그 해답을 책 속에서 찾도록 도와주는 Helper로서의 역할이다. 이런 책 멘토 개념은 내가 정의한 것으로, 다른 분야의 멘토와는 다른 개념을 갖고 있을 것이다.

　멘토는 문제의 해답을 찾아주는 사람이 아니라, 문제를 해결하려는 사람에게 넛지의 개념으로 답을 찾을 수 있도록 도와주는 사람으로, 이런 개념을 활용하여 회사 업무에 적용하면 멘티는 한층 더 발전할 수 있다고 생각했다.

    회사에서 때마침 국가에서 진행하는 산학 연계 창의 프로젝트가 진행된 적이 있다. 인턴으로 2명의 대학원 박사 멘티가 배정되어 창의 프로젝트가 2개월간 진행되었고, 나는 멘티에게 회사 업무뿐 아니라, 조직문화, 기본적인 생활에 대해 조언해 주는 멘토 역할을 맡게 되었다. 업무에 대한 멘토링은 회사의 계획대로 진행하면 되지만, 이들이 회사의 조직 문화를 경험하기에는 2개월이란 기간이 너무 짧아 보였다.
    나는 생각 끝에 인턴들을 행복한 책 독서 동호회에 초대하여 사람들이 독서 토론을 하는 모습을 보여주며 잠깐이나마 함께 하기로 했다. 인턴들은 그동안 전공 서적만 읽었던 것이 전부로, 책에 그다지 관심이 많지 않았다. 독서 모임에 처음으로 참여한 인턴들은 학교의 동아리와 같은 독서 동호회가 회사에 있는지 정말 몰랐다며 직장인의 황금같은 점심시간에 독서 모임을 지속하는 이유에 대해 물었다.

    나는 독서 동호회의 목적을 크게 3가지로 설명해 주었다.
    첫 번째는 직장 동료와 책을 통해 얻는 지식과 교훈을 나누어 더 큰 통찰력을 얻기 위함이고, 두 번째는 혼자 책을 읽는 것보다 사람들과 서로 교류하며 다양한 생각을 이해하고 책과 관련된 즐거운 이벤트에 참여함으로써 친분을 돈독히 하자는 것이다.
    세 번째는 책을 통해 당면한 문제의 해결책을 얻고 주변 사람들과 관련 경험을 공유하는 것이다.

　인턴들은 이런 목적에 고개를 끄덕이며 짧은 인턴 기간임에도 적극적으로 참석하겠다는 의사를 밝혔다. 하지만 일주일이 지나도록 두 사람은 책을 거의 읽지 못했고 동호회에도 참석하지 않았다. 그들은 시간을 내기도 어렵고 책 읽기가 쉽지 않다고 토로했다. 결국 이들에 대한 멘토링이 시작되었다.

　두 사람은 어떤 책으로 시작해야 할지, 얼마나 읽어야 될지, 읽고 나서는 무엇을 해야 할지, 난감해 하였다. 이에 나만의 노하우를 이들에게 알려주었다.

　책을 읽을 때에는 다음과 같은 PPRCA 단계로 진행하면 좀 더 체계적으로 독서를 할 수 있다.

1. Purpose 단계 : 왜 책을 읽어야 되는지, 책을 읽는 목적을 밝힌다. 당면한 문제를 정의하는 것이다.
2. Planning 단계 : 어떤 분야의 책을 읽을 것인지, 어디까지 읽고, 언제까지 읽을 것인지를 밝힌다.
3. Reading 단계 : 발췌해서 읽어야 될지, 세세한 부분까지 읽어야 되는지 등을 체크한 후 계획한 대로 진도에 맞춰 책을 읽는다.
4. Checking 단계 : 문제라고 정의했던 내용에 대한 해결책, 고민에 대한 대안, 교훈과 통찰 내용 등을 정리한다.

5. Action 단계 : 교훈과 통찰 내용 중 실천할 사항들을 정리해서 실행에 옮긴다.

이와 같은 단계를 거치면서 책을 읽다 보면 생각이 체계화된다는 것을 느낄 수 있다. 그런데 사실 인턴들의 경우도 회사의 인턴 생활과 함께 학업을 병행하기 때문에 별도의 시간을 내기가 어려웠다. 그래서 서로 아이디어를 모은 것이 아침 30분간 독서 시간을 확보하는 것이었다.

우리는 아침 6시 이전에 기상해서 서로에게 기상 알람 문자를 보내고 시간을 어기면 벌금 오천 원을 낸다는 룰을 정했다. 나는 책 읽는 습관을 들이는 데는 시간이 필요하므로, 우선은 6시 이전에 일어나는 훈련부터 하자고 제안했다. 운동, 산책, 음악 듣기 등 6시 이전에 기상해서 활동하고, 그 다음으로 좋아하는 책 위주로 가볍게 읽으며 워밍업을 한 후, 자기가 당면한 문제 해결에 필요한 책을 집중적으로 읽어 나가기로 했다.

인턴들은 업무와 관련이 있는 유석문외 8명이 쓴 '소프트웨어 품질관리'와 조너선 라스무슨의 '애자일 마스터'를 우선 선정하고 책을 읽기 시작했다. 또한 새로운 문제에 직면하면 솔루션이 될 만한 책을 함께 찾아보며 지속적으로 소통을 했고, 1년이 지난 지금 카톡으로 읽은 책의 통찰과 실천한 내용을 서로 공유하는 단계까지 진화했다. 내가 이들의 독서 멘토이지만 회식이 있거나, 불가피하게 늦게 일어나면 아침 독서를 하지 못하는 경우가 많다. 하지만 멘티들은 하루도 빠짐없이 매일 아침 읽은 책의 교훈과 실천 내용을 공유한다.

공자의 격언으로 삼인행필유아사(三人行必有我師)라는 말이 있다. 세 사람이 길을 가면 그 중에 반드시 내가 본받아야 할 사람이 있다는 말이다. 처음에는 내가 이들의 멘토였지만 어느 순간부터 나 또한 멘티로부터 지속성과 성장 의지를 배우게 되었고, 어느덧 이들이 나의 멘토가 되었다.

혼자 어떤 결심을 하고 추진을 하게 되면 의지력이 떨어져 작심 3일로 끝나기 쉽지만 서로 의지할 수 있는 사람을 만들고 작은 규칙을 정해 꾸준히 서로 동기부여를 한다면 어떤 일이든 성취할 수 있다는 교훈을 얻었다. 나는 그들의 문자를 받으며 마음속으로 속삭인다.

"고맙다 멘티야! 나를 성장시켜 주어서."

인생을 바꿀 수 있는 위대한 비책은 독서다.

-미국의 기업가 워런 버핏-

북테인먼트를 통한 독서 교육
봉사 프로그램 실천 사례

우리 회사는 임직원들이 참여하는 사회봉사 활동을 적극적으로 지원한다. 대표적으로는 '볼런테인먼트' 프로그램이 있으며, 볼런테인먼트는 볼런티어(자원봉사)와 엔터테인먼트(즐거움)의 합성어다.

임직원들은 봉사를 하면서 즐거움을 찾고, 회사는 봉사를 추진할 수 있는 예산을 지원한다. 나는 볼런테인먼트 제도가 생기기 이전부터 봉사활동을 진행해 왔는데, 실제 봉사활동을 시작한 계기는 K를 통해서다. K가 봉사활동을 함께 하자고 최초로 제안을 해 왔을 때, 회사 업무도 바쁘고 가족들과 함께 보내야 하는 주말에 따로 시간을 낸다는 것이 어려워서 많이 망설였다. 좀 더 솔직히 말하면 시간적 여유보다는 누군가를 도울 '마음의 여유'가 없었다. 하지만 나는 K가 양로원과 지역 아동 센터를 방문해서 성심성의껏 꾸준히 봉사하는 모습에 자극을 받아 내가 가진 재능을 사회에 어떻게 기부할 수 있을까 고민하기 시작했다. 그래서 생각해 낸 것이 '독서 교육 봉사'다.

최근 스마트폰 때문에 어떤 아이들은 독서를 멀리하는 경우가 많은데, 독서는 아이들의 상상력과 창의력을 향상시키는데 더할 나위 없이 좋은 활동이다. 처음에는 순수하게 책을 읽어 주는 프로그램을 만들어 봉사활동을 진행했다. 하지만 아이들은 시큰둥하게 여기며 별 반응이 없었고 좋아하지도 않았다. 이에 따라 책 읽기를 엔터테인먼트(즐거움)와 접목할 방법을 고안하게 되었는데, 이것이 바로 북테인먼트(Book-Tainment)이다. 볼런티어와 엔터테인먼트를 합성하여 볼런테인먼트가 나온 것처럼, 북테인먼트도 책과 엔터테인먼트를 접목하여 독서에 유익과 재미를 같이 주는 것이다.

나는 북테인먼트를 통해 아이들에게 책이 재미있다는 것을 느끼도록 해 주고, 회사에서 다양한 독서활동이 전개되고 있다는 사실을 아이들에게 직접 보여주고 싶었다.

나는 우선 시 쓰기 활동을 프로그램의 첫 번째 콘셉트로 잡고, 시 쓰기에 대한 아이들의 부담감을 줄이고, 어떻게 하면 아이들이 재미있고 쉽게 시에 접근할 수 있을까를 고민하다 인터넷 서점에서 아이(Eye) 쇼핑처럼 키워드 검색하기에 나섰다. '쉬운 시', '따라해 보는 시', '재미있는 시', '재치 있는 시'라는 키워드를 가지고 검색을 시작하자, 곧 아주 재미있는 삼행시 책이 눈에 띄었다.

'그래 맞아. 시를 쓴다는 것은 아이들이 어렵다고 생각할 수 있으니, 쉬운 시 또는 재치 있는 삼행시로 시작해 보면 좋겠다'는 생각이 들었다. 베이비북스 편집부에서 펴낸 '삼행시'에는 '까마귀'라는 3글자를 가지고 '까—까마

귀는 까매, '마-마구마구 까매', '귀-귀까지 까매'와 같이 재미있는 삼행시 예제들이 가득 들어 있어 아이들이 쉽고 재미있게 시를 접할 수 있을 것 같았다.
　우리는 봉사활동을 나가기 전에 함께 모여서 아이들을 위한 봉사 프로그램을 재차 다듬었고, 드디어 봉사활동 길에 올랐다.

　아이들을 만날 때는 항상 긴장된다. 회사에서 업무 보고를 할 때도 이렇게 긴장되지는 않는데, 아이들과 처음 만날 때는 왜 이토록 가슴이 두근대는지 모른다.

　우리는 아이들과 빨리 친해지고 재미있게 진행하기 위해 삼행시를 짓는

것부터 시작했는데, 예상은 적중했다. 아이들이 재미있다고 깔깔거리며 배꼽을 잡았다. 운을 띄워주는 것만으로도 아이들은 우리가 생각하지 못한 다양하고 재치 있는 삼행시들을 쏟아냈다. 우리는 삼행시 책을 자연스럽게 소개해 주었고, 책은 재미있다는 말을 곁들였다.

　삼행시 쓰기에 이어 황보현 강사를 통해 배운 '트리즈 시 쓰기' 방법으로 1교시를 진행했는데, 아이들이 곧잘 따라 했다. 아이들은 다양한 그림 카드를 고르고 낱말을 뽑아낸 다음, 뽑아낸 낱말을 가지고 문장을 만들어냈다. 어휘를 바꾸어 가면서 대체 어휘를 만들어내기도 했으며, 행과 행을 바꾸어 드디어 좋은 시를 만들게 되었다.

　2교시는 창의적인 과학 원리를 이용한 '연발 고무줄 총 만들기' 활동을 진

행했다. 우리는 미리 준비한 DIY(Do It Yourself) 조립용 총을 준비했고, 아이들은 우리의 진행에 따라 고무줄 총 만들기에 열중했다. 이 시간의 활동 내용을 세부적으로 살펴보면 과학원리 배우기, 고무줄 총 조립하고 만들기, 조별 고무줄 총 쏘기 대회이다.

3교시에는 마술의 원리를 이해하고 마술을 직접 배우는 시간을 가졌다. 아이들은 듣는 둥 마는 둥 관심이 없어 보였지만, 책을 소개할 때면 귀를 쫑긋 세웠다. 아이들은 마술 쇼를 보고 빨리 마술을 배우고 싶어 했다. 우리는 이 시간을 위해 최현우의 '최현우의 매직 플레이북'과 니콜라스 아인혼의 '마술 핸드북' 등의 책을 사고 유튜브 마술 동영상을 참고로 하여 봉사 프로그램을 구성했다.

나는 독서 교육 봉사 프로그램 중 1교시 황보현 강사의 시 쓰기 방법을 아이들에게 직접 적용하고 실천해 보면서 새로운 것을 깨달았다. 강의를 들을 때는 그냥 따라가는 정도였지만, 아이들에게 적용해 보니 시 쓰기 방법을 다양하게 응용할 수 있다는 것이었다. 실제 황보현 강사의 시 쓰기 단계는 1. 그림카드 고르기 2. 그림에서 단어 뽑아내기 3. 단어를 문장으로 연결하기 4. 문장의 행을 바꾸어 보기 5. 문장의 순서를 바꾸어 보기지만, 응용을 한다면, 처음에 아이들의 생각을 자극하기 위해 정해진 그림카드를 활용하는 것이 아니라, 먼저 아이들이 자기가 좋아하는 책을 도서관에서 가져오게 한 다음, 책의 표지를 그림 카드로 대체하여 활용하는 것이다. 자신이 좋아하는 책 표지를 그림 카드라고 생각하고 시 쓰기 활동을 전개한다면 아이들의 좋은 시 작품이 탄생할 것이다. 중요한 것은 우리가 어떤 내용을 이해하고 직접 적용해 보면 사고의 확장이 일어나 또 다른 응용이 가능해진다는 것이다.

1교시에서 3교시까지 이어진 독서 봉사 프로그램을 마치고 우리는 서로를 격려하며 수고했다는 말을 아끼지 않았다. 어떤 아이디어로 시작해서 실행에 옮기기까지는 많은 노력이 필요하다. 하지만 소외계층의 아이들에게 책의 즐거움을 전달하기 위해 자기 시간을 아끼지 않았던 행복한 책 회원들이 자랑스럽기만 하다.

행복한 책 동호회는 사내 임직원 독서활동뿐만 아니라 사외에서도 독서 교육을 통한 봉사 활동을 꾸준히 실천한 것을 인정받아 지난 10월 국민독서문화진흥회에서 주최하는 '제3회 대한민국 독서경영 대상' 독서경영 특별상을 수상하기도 했다.

* '제3회 대한민국 독서경영 대상' 독서경영 특별상 수상 사진

준비 여부와 관계없이, 열망을 실현하기 위한 명확한 계획을
세우고 즉시 착수하여 그 계획을 실행에 옮겨라.

-미국의 작가 나폴레온 힐-

외연도 책 나눔 봉사 활동 실천 사례

외연도 책 나눔 봉사 활동은 행복한 책 동호회 회원들의 의미 있고 보람 있는 활동을 해 보자는 의견 속에서 이루어졌다.

때를 같이 해서 회사 게시판에 '동호회 활성화를 위해 꿈 지원금 200만 원을 지원하겠다.'는 공모가 게재 된 것을 본 나는 행복한 책 온라인 게시판에 꿈 지원에 대한 글을 올리고 전체 공지를 했다.

업무가 끝난 저녁시간 나와 H회원, Y회원, G회원, C회원이 모여서 각자의 의견을 제시했다. 사실 200만원이라는 지원금이 큰 동기부여가 되었지만, 우리 동호회가 어떤 꿈을 가지고 모임을 지속해야 할지를 생각하는 시간이었다.

먼저 전년도에 추진하지 못한 초등학교 사회봉사를 실행해 보자는 의견이 나왔고, 탐스 슈즈의 기부 개념처럼 사내에서 책 기부 행사를 추진한 후 기부 받은 책을 떨어뜨리는 콘셉트의 북드랍(Book Drop) 행사를 기획하자는 이야기를 나눴다. 모두가 찬성을 했다.

그 다음은 봉사처를 정하는 문제가 남았다. 전체적인 개념인 북드랍 행사를 통해 책 멘토링을 하자는 콘셉트는 잡았지만, 어디가 좋을지 막막했다. 그 때 서해는 태안 살리기 행사로 삼성과 인연이 깊은 곳이니 서해 쪽을 알아보는 것이 어떻겠느냐는 의견이 나왔고, 기왕이면 사람들의 손길이 잘 닿지 않는 서해 최말단에 있는 작은 섬으로 봉사를 가는 것이 좋겠다는 의견으로 이어졌다. 찾아보니 서해의 최말단 섬은 외연도였다. 외연도에는 외연초등학교가 있었고, 전체 학생 수는 19명이었다. 결국 우리는 외연도로 봉사활동을 떠나기로 결정했다.

2차 회의는 How를 정하는 회의로 진행되었고, 많은 논의가 필요했다. 컨택, 준비물, 프로그램 구성, 누가 무엇을 어떻게 담당할지와 1박 2일 코스로 구성했을 때 어떤 프로그램이 좋을지 등이 고민이 되었다. 1차 회의 때 선택된 책의 콘셉트를 더욱 구체화하고, What에 대한 프로그램을 세분화해야 했다.

우리는 '책은 만남이다.' 라는 명제에 ICE Breaking을 위한 간단한 게임과 선생님 소개, 선생님과 멘티의 결연식 등을 넣기로 하고, 핵심 프로그램인 책 멘토링, 즉 책 읽기(멘토가 읽어 주기)-생각 나누기-독후활동을 하기로 구성했다. 그리고 마지막으로는 아이들이 즐길 수 있는 책놀이 게임으로 구성했으며, 책놀이 게임은 '책놀이 책'의 내용을 활용한 책 탁구, 책 동전던 지기 게임으로 구성했다.

우리는 북드랍을 내실 있게 진행하기 위한 홍보 문제를 두고 의견을 교환하다 J가 전사삼성 Live에 우리 동호회를 소개해 주기로 해서 여기에 북드랍 행사 내용을 추가하기로 했다. 하지만, 홍보를 하기 전에 책을 기부하고 접수하는 활동이 필요했고, 결국 유관 부서의 도움을 받기로 했다.

본사인 수원삼성에는 2곳의 정보자료실(도서관)이 있다. 성선회 자료실과 R4 6층의 정보자료실로, 우리는 이곳에 지원 요청을 했다. 해당 부서의 실무담당자들은 북드랍을 해서 외연도 낙도 아이들에게 책을 기부한다는 취지의 홍보 팜플렛 비치는 물론, 온·오프라인 행사 홍보 및 공지를 띄워 주었고, 직원들이 기부한 책을 취합해서 우리에게 전달해주는 등 적극적으로 많은 도움을 주었다.

전사 Live에 동호회 소개와 북드랍 행사가 게재된 후 우리는 3차 회의를 가졌다. 회원들과 진행 현황을 공유하면서 프로그램을 구체화했고, 학생 19명을 몇 개 조로 구성할지, 각 프로그램 담당자를 누구로 할지를 논의했다. 처음에는 2개 반을 운영하자는 의견이 나왔으나 전체를 이끌어갈 선생님(멘토)이 부족했으므로, 각 세션별로 마스터 선생님(멘토)을 한 명만 두기로 하였다.

자금 부족과 가을 태풍 접근 등의 여러 가지 어려운 상황들을 하나하나

극복해 가면서 우리는 외연도로 떠날 준비를 했고, A부사장님과 N전무님, 그리고 C부장님의 지원을 받아 아이들의 학용품과 책 선물을 샀다.

우리는 모든 준비를 마치고 마침내 외연도로 가기 위해 서산휴게소를 지나 대천항으로 향했다.

대천항에 도착한 인원은 모두 10명으로, 터미널 앞에서 인증샷을 찍은 우리는 빌린 차량에 책 4박스와 학용품 2박스를 싣고 외연도로 떠나는 배에 올랐다. 배가 2시간 후에 외연도에 도착한다는 것을 확인하고 외연초등학교 교무 선생님께 문자를 보냈다. 일부 회원들은 배 위에서 기대 반 긴장 반의 심정으로 세부 프로그램을 확인했다.

우리가 실내에서 사전 준비 작업을 분주히 하는 동안 배는 마침내 외연도에 도착했다. 외연도는 생각보다 커 보였다. 우리가 짐을 내리는 사이에 2명의 소년이 다가왔다. "삼성에서 오셨죠?"라며 반긴 덩치가 큰 두 아이는 자신들을 각기 보현이와 승환이라고 소개했다. 곧 교무선생님이 보낸 트럭 기사가 다가와 차량에 짐을 실어주었고, 우리는 학교로 갈 짐을 먼저 싣고, 민박집으로 갈 식료품은 빌린 차량에 따로 실었다.

우리는 잠깐 쉬고 나서 12시 30분에 외연초등학교로 출발했다. 마음을 다잡았지만 '정말 이 행사를 잘 마무리할 수 있을까? 하는 걱정이 앞섰다.

외연초등학교에 도착하자, 교무 선생님이 먼 길에 고생 많았다며 우리를 반겼고, 곧 학생들과 만날 장소로 안내했다. 과학실보다는 2층 도서관과 컴퓨터실이 분임조 활동을 하기도 좋았고, 좀 더 규모가 커서 우리는 이곳에서 행사를 진행하기로 했다.

1교시가 시작되자, 준비물을 책상 위에 올려놓고 선생님들과 학생들 소개가 시작되었다. 선생님들 명찰은 아이들이 직접 이름을 써서 주었다. 슬라이드를 띄워 놓고 삼성전자에 대한 소개를 했는데, 아이들이 삼성전자에 대해 많이 알고 있어서 놀랐다. 우리 회사가 핸드폰, TV, 프린터를 만드는 회사라는 것을 아이들도 알고 있었던 것이다.

우리는 아이들과의 첫 활동으로 먼저 '장점 책 만들기 놀이'를 진행했다. 6쪽으로 엮어져 있는 비어 있는 책을 나눠주고 자기가 가장 잘하는 것을 책 앞표지에 적게 했다. 어떤 아이는 진행이 빠르고 어떤 아이는 진행이 느려 진도를 조율하는 것이 힘들었지만, 잘 따라와 주었다.

2교시에는 K가 준비한 책 읽기, 생각 나누기 세션이 진행되었다. K는 양손으로 인사하는 법, 머리까지 써서 인사하는 법, 발까지 써서 인사하는 법을 이야기하며 아이들의 에너지를 끌어올렸다. 아이들의 함성소리가 학교를 떠나갈 듯했다. K는 책 읽는 방법, 생각 나누는 방법을 소개한 후, 1~2학년, 3~4학년, 5~6학년을 3개의 분임조를 나누어 책을 읽어 주며 독서법을 알려 주었다.

3교시에는 마인드맵과 책갈피 만들기를 진행했다. O가 차분하게 마인드맵을 구성하는 방법과 진행 방법을 설명하자, 아이들의 얼굴이 진지해졌다. 10분 정도 휴식 시간을 가진 뒤에 책갈피 만들기가 시작되었고, 책갈피에 꽃과 구슬을 붙여가며 아이들의 독창성을 독려했더니 아이들이 적극적으로 따라왔다.

4교시는 독서 퀴즈 시간으로 J가 여섯 문제를 준비했다. 여러 가지 선물을 준비했던 터라 퀴즈를 진행하며 각기 다른 선물을 아이들에게 주었더니 몇몇 아이들의 얼굴에 서운한 기색이 어렸다. 아마도 그 나이 때의 아이들이 좋아하는 것은 따로 있었던 모양이다. 이 시간에 얻은 교훈은 아이들에게는 일률적인 선물을 주는 것이 좋다는 것이다.

5교시는 마지막 시간으로, 이 시간에는 책 탁구와 책 도장 나눠주기 놀이를 했다. 책 탁구는 사전 연습을 시켰는데, 모두 시합을 시킬 수가 없어서 40개 이상, 50개 이상 자신 있게 책 탁구를 칠 수 있는 아이들에게 기회를

주고 나서 모두에게 책 도장과 독서록을 나눠 주었다.

이후 선생님께 편지쓰기를 하고 아이들에게 좋았던 활동이 무엇인지 물어보았더니 다들 책갈피와 마인드맵, 선물이 좋았다고 한다. 문구점과 놀아 줄 사람이 별로 없는 외연도의 아이들에게는 이 시간이 너무도 소중한 시간이었으리라.

우리는 책 기증식에서 학교 도서관 비치용으로 선생님께 책 기부를 하려고 했으나, 선생님께서 학생 대표에게 기증을 하면 좋겠다고 해서 학생 대표에게 책 기증을 하고 아이들과 밖에서 축구를 했다. 에너지가 충만한 남자 선생님들은 아이들과 공을 차며 뛰어 놀았고, 나는 운동장에서 아이들에게 동전 마술을 보여 주었다. 마술은 아이들에게 항상 인기다. 프로그램이 끝날 때마다 주사위 폭탄, 매직북, Stiff Rope를 보여주었는데 반응이 매우 좋았다.

　민박집에서 하룻밤을 보낸 우리는 다음날 아침 아이들과 함께 섬 투어에 나섰다. 빨간 등대에서 사진을 찍다가 다가온 갈매기에게 감자스낵을 주었더니 갈매기가 도망을 갔다. 의아해서 옆에 있던 혜원이에게 물어보니 선생님이 그런 것도 모르냐는 듯 신이 나서 말했다.
　"아이 참, 선생님! 새우깡은 새우 맛이 나니까 갈매기가 좋아하지만, 감자는 먹어 본 적도 없는데 갈매기가 좋아하겠어요?"
　맞다. 어느 땐 아이가 어른의 스승이다. 혜원이에게 한 수 배우며, 우리는 천연기념물 136호로 등록되어 있는 상록수림으로 향했다. 전횡장군 사당을 지나, 상록수림의 정상에 다다른 우리는 사진을 찍고 아이들과 함께 어깨 주무르기 게임도 하고, 난센스 퀴즈 내기 게임을 하며 의미 있는 하루를 보냈다.

　행사를 마치고 돌아온 행복한 책 독서 동호회 회원들은 다음과 같은 후기를 올리며, 외연도 봉사활동을 긍정적으로 평가했다.

　"봉사는 베푸는 것이라고 생각했는데, 먼저 다가오는 아이들의 모습에 오히려 얻어가는 게 많았던 것 같습니다. 그리고 회사에서의 딱딱한 모습을 버리고, 자상한 선생님으로 변신한 행복한 책 가족들과 함께여서 든든하고 즐거운 시간이었습니다."

"힘들었지만 배운 것도 많고 다음에 또 가보고 싶어지네요. 아이들을 보고 나니 다음번에 갈 때는 좀 더 잘할 수 있을 것 같아요. 다들 꼼꼼히 한마음이 되어 진행했던 것 같아 참 기분이 좋았습니다."

"맑고 푸른 가을 하늘보다 더 푸르르고 맑은 아이들의 눈동자를 보면서 제가 더 많이 배우고 느꼈던 소중한 시간이었습니다. 덕분에 다시 제 꿈의 목록을 적어 보게 되었습니다."

"아이들에게 필요한 건 눈높이를 맞춰 줄 새로운 친구였나 봅니다. 즐거워하던 모습에 저도 같이 마음이 치유된 소중한 시간이었습니다. 이런 좋은 기회가 앞으로도 이어지길 바랍니다."

우리는 왜 사회봉사를 하는 것일까? 자신의 삶도 소중하지만 자신보다 남을 생각하는 삶이 더 소중하기 때문이다. 함께 하는 삶이 행복하다는 것을 깨닫지 못한다면 삶의 의미를 찾기 어렵다. 우리는 외연도 봉사활동을 통해 나눔이 우리의 삶을 더욱 값지게 한다는 사실을 다시 한 번 깨달았다.

"사람의 품성은 마음이 어우러지는 친구,
즉 책을 통해서 알 수 있다."

- 미국의 작가 토마스 베일리 올드리치 -

Reading 5

소통 독서, 삶을 즐기며 공유하다

요즘처럼 전혀 알지도 못하는 새로운 문제를 해결하고 통합적인 지식을 요구하는 시대에 한정된 사고는 별 도움이 되지 않는다. 따라서 놀이를 통해 평소에 접해보지 못했던 책들과 우연히 만나게 되면 새로운 지식을 쌓게 되는 것은 물론, 창의적인 사고 발달과 문제를 해결하는 돌파구를 마련할 수 있다.

우리에게 위안을 주는 것은
누군가와, 무언가와 연결돼 있다는 느낌입니다.

-시인 허은실-

함께 읽는 즐거움, 책으로 소통하라

이 세상에 소통을 하지 않고 살아갈 수 있는 생명체는 없다. 햇빛, 공기, 수분, 영양분 등을 받아들여 생명을 유지해 나가는 동물의 모든 활동이 몸의 소통에 속한다면, 사회적 동물로 살아가기 위한 인간의 언어와 감정, 행동, 지식 습득 등은 관계 유지를 위한 소통의 도구이다.

하지만 우리 인간은 급속도로 발전하는 과학 문명의 변화 속에서 이러한 소통의 도구들을 제대로 활용하고 있는 것일까?

효율성과 속도는 증대되었지만, 블로그, 트위터, 페이스북과 같은 SNS의 발달로 인간의 사고력은 점점 퇴보하고 있다. 결국 사고, 지식 습득, 의사소통 방식의 변화가 불가피해진 것이다.

소통에 있어서 무엇보다 중요한 것은 서로의 감정을 확인하는 것이다.

인간의 감정이 가장 잘 드러나는 것은 얼굴 표정으로, 서로 얼굴을 맞대고 대화를 하는 것과 딱딱한 문자로 자신의 감정을 표현하는 것에는 엄청난 차이가 있다.

예전에는 강의가 끝나면 강사와 Face to Face로 직접 질문하고 직접 답을 듣는 방식이었다. 그러나 지금은 주로 문자 메시지나 페이스북 사이트에 질문을 올리고 실시간으로 강사가 대답하는 형식으로 바뀌었다.

소통의 변화는 가정생활도 변화시키고 있는데, 어떤 부부는 같은 침대에 앉아 카카오톡으로 대화를 한다고 한다. 나 또한 가끔 재미 삼아 해보지만, 이러한 소통 방식의 변화는 분명한 문제점을 안고 있다.

특히 협업이 중요한 직장인들의 경우, 의사 전달이 제대로 되지 않아 발생하는 시행착오를 최대한 줄여야 한다. 그러기 위해선 서로를 연결하는 통로가 언제든 개방되어 있어야 하는데, 가장 좋은 소통 창구가 바로 책이다.

독서 교류를 통해 자신의 생각과 타인의 생각을 비교해보고, 다양한 관점을 갖게 되면 고립되어 있던 자아의 폭이 넓어져 바람직한 인간관계를 형성할 수 있다.

직장생활을 하다보면 다양한 요인에 의해 직장 상사나 동료들과 갈등이 빚어지는 상황이 자주 발생한다. 기본적으로는 그 상황을 빨리 벗어나고 싶다는 생각이 지배적이기 때문에 갈등의 요소를 제거하지 않은 채 상황을 종료시키는 경우가 많지만, 이 경우 갈등의 불씨가 커져 관계 회복이 어려울 수 있으므로 어떤 방법으로든 해결을 하고 넘어가야 한다.

미국의 기업가인 데이브 커펜은 '어떻게 소통할 것인가'라는 책에서 갈등 해결 방법에 대해 다음과 같이 말하고 있다.

첫째, 화가 난 사람은 상대에게 논의할 시간을 내달라고 요청한다. 이때 얘기가 가능한 시간대를 몇 개 제시한다. 유의할 점은 후보 시간대에 '지금 당장'이 포함되면 안 된다는 것이다. 이 방식을 따르면 서로 준비할 시간과 공간을 확보할 수 있다. 둘째, 약속 시간이 되면 두 사람이 조용하고 편안한 장소에서 만난다. 애초에 화나게 만든 쪽은 방탄조끼를 착용하는 것에 동의해야 한다. 바꿔 말하면 상대가 말할 때 절대 기분 나빠 하거나 방어적인 태도를 취하지 않는다는 데 동의해야 한다. 대신 잠자코 듣고 이해하는 일에 집중한다. 셋째, 화가 난 쪽은 문제가 된 갈등의 전모와 그것 때문에 자신이 어떤 느낌을 받았는지를 설명한다. 넷째, 화나게 만든 쪽은 상대가 하는 모든 말을 미러링하고 인증한다. 잠자코 듣고 미러링하고 인증하는 것 외에 문제를 해결하거나 자신을 방어하는 시도를 해서는 안 된다. 다섯째, 화나게 만든 쪽은 진심으로 미안하다고 말한다. 여섯째, 화가 난 쪽이 충분히 얘기를 하고 양쪽 당사자가 서로를 이해하는 데 합의하면, 화가 난 쪽은 해당 문제에 대해 세 가지 해법을 제시한다. 화나게 만든 쪽은 그중 최소한 한 가지에 동의한다. 일곱째, 마지막으로 이것이 가장 중요할 수 있는데, 양쪽 당사자는 신체 활동을 함께함으로써 갈등의 성공적인 해결을 축하한다. 같이 조깅하는 것도 좋고 더 친밀한 신체 활동을 같이할 수 있으면 더 좋다.

그의 말은 전적으로 옳다. 우리는 보통 갈등 상황이 발생하면 자신의 의견이 받아들여지지 않는데 격분해서 상대의 말을 귀담아 듣지 않게 된다. 따라서 저자의 말처럼 '지금 당장' 결판을 내겠다는 심정으로 소통 아닌 소통을 할 것이 아니라, 각자 일정한 시간을 가진 후에 만나서 차분하게 대화를 하는 것이 좋다. 소통은 귀를 먼저 연 후에 입을 여는 것이라는 사실을 염

두에 두고 말이다.

그런데, 타인과의 소통을 위해서는 나 자신과의 소통을 먼저 해야 한다. 자기 자신에 대해 잘 알지 못하는 사람은 제대로 남을 상대할 수 없기 때문이다. 그렇다면 나 자신과의 소통은 어떻게 해야 할까? 그 답은 책에 있다. 우리는 세상의 모든 것을 경험할 수 없으므로 다른 사람의 인생 경험이 녹아 있는 책을 읽는다. 책을 통해 세상을 배우고, 책을 통해 타인의 마음속을 들여다보는 것이다.

또한 지금처럼 혼자가 편한 홀로족 문화가 대세인 세상에서 사회생활을 제대로 하려면 관계 맺기에 충실해야 하는데, 직장에서의 관계 맺기는 공감대를 형성하는 데서 출발해야 한다. 공감대를 형성하는 가장 좋은 방법 중의 하나는 함께 책을 읽는 것으로, 책을 공유하게 되면 저절로 유대감이 생긴다. 따라서 직장생활이 지옥인 사람의 인생이 행복할 수는 없다는 사실에 동의한다면 소통 독서를 실천해 보길 바란다.

우리가 이해하고 사랑한 것이 우리를 이해하고 사랑한다.

−스위스의 소설가 로베르토 발저−

열정락서로 소통의 장을 열다

　우리 회사는 업무 공간을 대학 캠퍼스 개념으로 바꾸면서 더 좋은 일터로 만들어가고 있다. 특히 삼성전자의 수원 사업장은 '삼성 디지털 시티'라고 부르는데, 이곳에는 생태 공원과 함께 야구장, 수영장, 농구장, 축구장 등 다양한 체육시설이 있다. 또한 실내에서도 다양한 행사들이 벌어지는데, 보통은 실내 체육관(대강당)에서 진행된다. 이날은 특별히 '열정락서'라는 강연이 이곳에서 개최되었다.

　'열정락서'는 삼성 CEO를 비롯한 삼성 임직원들과 경제, 경영, 문화, 스포츠 분야를 대표하는 멘토들이 고등학생 또는 대학생들로 구성된 청춘들을 직접 만나 열정을 전하는 토크 콘서트다.

　'열정락서'는 강연과 토크, 공연으로 이루어진 소통의 장으로, 지난 4년간 전국에서 시행되어 왔다. 이날의 열정락서에서 우리는 회사의 인사를 총괄

하는 인사팀장인 원기찬 부사장님(현 삼성카드 사장)의 첫 강연을 들었다.

삼성 임직원의 강연 요청으로 일반 대학생들을 대상으로 한 첫 '열정락서' 강연회가 열린 이날, 실내 체육관에는 이미 수많은 임직원이 자리하고 있었다.

곧 가벼운 청바지 차림에 헤드셋 마이크를 착용한 원기찬 부사장님이 첫 강연자로 등장하셨고, 부사장님은 당사 임직원들의 인사를 책임지는 '삼성 인사의 끝판 왕'이라고 본인을 소개하셨다. 원기찬 부사장님은 이어 직장생활에서 경험했던 에피소드를 스토리텔링 형식을 빌어 재미있게 말씀하시면서 다양한 문제 극복 사례들을 소개할 때는 특별히 '긍정적 사고'를 강조했다. 원기찬 부사장님은 입사 당시 본인이 원하던 삼성물산으로 발령을 받지 못했다고 한다. 원하던 해외 영업이 아닌 인사팀에서 일하게 되었지만 '긍정적인 사고'로 꾸준히 노력한 결과, 입사 2년차에 삼성전자의 인사 프로모션 제도를 개선하는 성과를 올려 주목을 받기 시작했다는 사실을 밝히며, 모든 것이 긍정적인 사고 덕분이라고 했다.

원기찬 부사장님은 "현대 사회는 속도가 중요한 것이 아니라 방향이 중요한 시대"이며, "한쪽으로만 치우치는 편향적인 판단이 아니라, 종합적으로 보고 판단하는 능력이 중요하다."는 말씀과 함께 신입사원이나 경력사원을 채용할 때, 또 승진 대상자를 가릴 때 '신언서판(身言書判, 몸·말씨·글씨·판단)'은 매우 중요한 역량이라는 것을 강조하며 다음과 같이 말씀하셨다.

"1,500년 전 중국 당나라에서는 인재를 등용할 때 '신언서판'을 보면 된다고 했습니다. 신언서판은 우리 회사가 신입사원 또는 경력사원을 뽑거나,

승진 대상 직원을 평가할 때도 적용됩니다. 따라서 단정한 옷차림(身), 솔직하고 논리적인 자기소개(言), 자기소개서의 일목요연한 구성(書), 질문에 대한 순발력 있는 대응(判)을 기본적으로 준비하는 자세가 필요합니다. 저는 판을 키우는 방법으로 종이신문 읽기를 추천하는데요. 요즘은 인터넷으로 정보를 접하다 보니 봐야 할 것을 보는 게 아니라 보고 싶은 것만 보게 됩니다. 그러다 보니 판단력이 흐려질 수밖에 없습니다."

나는 원기찬 부사장님의 강연을 들으며 신언서판의 기준으로 나를 생각해 보았다.

'나는 업무를 볼 때 몸가짐과 처신을 잘하고 있는가? 회의 때나 업무를 볼 때 주변 사람들의 말을 경청하는가? 업무를 통해 많은 사람들과 접하면서 나를 제대로 소개하고 있는가? 업무와 관련된 발표를 잘하는가? 보고서와 기획서를 충실하고 일목요연하게 구성하는가? 글쓰기 능력을 지속적으로 향상시키고 있는가? 업무를 추진할 때 문제 해결을 위해 종합적인 판단을 하고 있는가? 판단력을 키우기 위해 어떻게 실천하고 어떤 노력을 하고 있는가?'

강연 도중에 퀴즈가 출제되었다. 정답을 맞추는 사람에게는 선물을 주기 때문에 나는 집중해서 듣고 재빨리 손을 들었다. 하지만 나와 멀리 떨어진 곳에 앉아 있던 직원이 지명되었고, 정답을 외쳐 단상에 올라가 책 선물을 받아 갔다.

큰 강연장 뒤쪽에 앉아 있던 나에게는 무슨 책인지 보이지도 않았다. 책 한권 받는 것이 마냥 부러웠다. 원기찬 부사장님이 추천한 '책'이 어떤 책인지 무척 궁금했다. 강의를 듣고 집으로 돌아가는 길에도 그 책이 머릿속에서 떠나지 않았다.

나는 행복한 책 독서 동호회 회원들에게 원기찬 부사장님이 추천한 책을 소개하고 싶었고, 이번 달의 책으로 선정해서 독서 토론도 하고 싶었다.

결국 나는 용기를 내어 부사장님께서 다음과 같은 내용의 메일을 보냈다.

"부사장님, 어제 '열정락서'에서 좋은 말씀 많이 들려주셔서 감사합니다. 사실은 퀴즈를 맞춘 직원에게 어떤 책을 선물하셨는지 너무나 궁금해서 메일을 드립니다. 저는 그 책을 제가 운영하고 있는 행복한 책 동호회의 독서 토론 책으로 선정해서 회원들과 독후 소감을 나누고 싶습니다."

다음날 아침 바로 회신 메일이 왔다. 부사장님은 행복한 책 동호회와 같은 건설적인 동호회가 사내에 있었는지 미처 몰랐다고 하시며, 책 20권을 회원들과 나누어 보라고 보내주셨다.

2일 뒤 바로 책이 도착했다. 부사장님께서 온라인 서점을 통해 보내주신 책 선물은 홍성태의 '모든 비즈니스는 브랜딩이다'와 노마 히데키의 '한글의 탄생'이었다.

'모든 비즈니스는 브랜딩이다'는 브랜드의 탄생과 체험이라는 두 개의 축으로 나누고 있다. 하나는 브랜드 콘셉트를 어떻게 도출(Conception)하느냐는 것이고, 다른 하나는 그 브랜드를 사용하는 동안 어떻게 체험하느냐(Experience)는 것이다.

'한글의 탄생'은 일본의 언어학자인 저자가 한글을 일본어와 비교하여 설명하고, 한글의 우수성을 읽기 쉽게 설명하고 한글의 우수성을 분석한 책으로, 일본인 저자가 국적에 관계없이 한글을 전문적으로 연구했다는 점에서 뜨거운 열정을 느낄 수 있는 책이었다.

나는 계획대로 '모든 비즈니스는 브랜딩이다'이라는 책을 이달의 책으로 선정하여 독서 토론을 추진했다. 사전 공지를 통해 책에 대한 간단한 요약을 보내고, 참여 희망자를 받았다. 독서 토론에는 행복한 책 동호회에서 고문 역할을 하고 계신 A부사장님도 참석하셨다.

이날 독서 토론 모임에서는 임원과 부장, 대리, 평직원이라는 수직관계를 벗어나 모두가 책을 중심으로 수평 관계를 형성하며 의견을 나누었다. 또한 책에 대한 통찰과 더불어 '브랜드'에 본연의 의견을 다각도로 쏟아내며 의미 있는 소통의 시간을 가졌다.

결국 '어떤 책일까' 하는 호기심이 어려운 분께 메일을 보내는 적극적인 행동으로 이어지고, 책을 매개로 다양한 생각을 들을 수 있는 소통의 시간을 가져다주었다. 이를 통해 나는 작은 호기심과 용기가 의미 있는 결과로 이어진다는 사실을 다시 한 번 경험했다.

기쁨의 가치를 충분히 누리려면 그것을 함께 나눌
누군가가 필요하다.

−미국의 소설가 마크 트웨인−

아무도 알려 주지 않았던 비밀,
독서 동호회 운영 노하우

독서 동호회는 사람들과의 유기적인 연결을 통해 서로의 인사이트를 교류하고 소통하는 것이 주목적이다. 참여자들이 북토크 또는 독서 토론을 진행할 때는 책을 통한 자신의 생각과 통찰, 교훈을 쏟아낸다. 독서 토론에 참여하는 회원들은 질서와 기본 규칙을 지켜야 하며, 서로를 배려하는 자세로 토론에 임해야 짧은 시간에 독서 토론을 즐길 수 있다.

그렇다면, 독서 토론을 원활히 진행하는 방법에 대해 한번 살펴보자.

1. 북퍼실리테이터를 선정하라

회의나 포럼, 워크샵 등에서 상호 정보를 공유하거나 문제를 해결할 때, 토론을 할 때, 집단의 소통을 돕는 활동으로 '퍼실리테이션(Facilitation)'라는 방법이 있다. 또한 이를 수행하는 사람을 '퍼실리테이터(Facilitator)'라고 부른다.

퍼실리테이션은 '일을 쉽게 하고 촉진시키다'라는 의미로, 일반적으로 회사에서 중요한 회의나 워크샵을 진행할 때, 사람들의 소통을 어떻게 이끌지 효과적으로 사전에 설계하고 목적에 맞는 결과를 도출하기 위해 활용된다.

또한 퍼실리테이터를 선정하여 회의나 토론에서 구성원들의 참여를 이끌어내고 상호작용이 활발하게 일어날 수 있도록 유도한다.

이런 점에 착안하여 우리 독서 동호회는 북퍼실리테이터(Book Facilitator, 이하 북퍼실)를 두어 토론이 원활히 진행되도록 했다.

북퍼실은 회원들 간의 대화와 토론을 잘 이끌어내고, 이끌어낸 이야기가 목적에 잘 부합되도록 사람들의 의견을 끌어내어 최종 결론으로 유도하는 역할을 한다.

나는 독서 동호회를 운영하면서 북퍼실이 있으면 회원들이 보다 쉽게 독서 토론을 할 수 있을 것이라 믿었고, 현재까지도 잘 유지되고 있다.

특히 북퍼실은 독서 모임에 있어서는 시간 관리가 중요하며, 모임 활동 시간을 1시간으로 볼 때, 읽은 책에 대한 생각의 발산과 수렴의 개념을 적용해야 한다. 먼저 토론의 주제를 설정하고, 이 주제에 대해 사전에 반드시 책의 내용을 숙지하고 먼저 생각을 정리하는 사전 준비 시간을 주어야 한다. 실제 독서 토론에서는 주제에 대해 생각했던 내용을 브레인스토밍 형태로 자유스럽게 이야기하면서 이견과 통찰, 교훈 등 평소 담아둔 자기의 생각을 쏟아낸다.

또한 북퍼실은 주제의 흐름을 읽고, 상반된 의견인지, 누군가의 의견에 대해 동조하는 의견인지, 확인하는 의견인지, 주제를 벗어나는 의견인지 등을 잘 파악해서 필요한 질문과 유도로 모임을 운영해야 한다. 또한 의견을 내지 않고 조용히 있거나 소외된 참여자(Small Mouth)가 없는지 반드시 확인을 하면서 모임을 진행해야 하는 한편, 모든 대화를 주도하며 많은 시간을 자기 말만 늘어놓는 참여자(Big Mouth)는 없는지 살펴야 한다. 즉, 참여자 모두가 대화를 나눌 수 있도록 발언권을 고르게 배분해서 시간을 효율적으로 관리해야 한다는 것이다.

1시간 단위의 독서 토론을 설계할 때는 45분 동안 회원들이 활발히 토론할 수 있도록 유도하며 토론 종료 15분 전에는 토론의 내용을 '수렴' 관점에서 요약정리를 하며 마무리를 한다.

북퍼실은 강호동 스타일의 주도적인 사회자가 아니라, 유재석 스타일처럼 독려와 촉진 스타일의 사회자가 될 필요가 있다. 그래야 의견을 내는 사람들도 편한 분위기에서 지속적으로 이야기를 할 수 있다. 때로는 손석희 스타일과 같은 논리적인 언변으로, 책을 읽으면서 왜 그런 교훈을 얻었는지 질문을 던져 참여자가 또 다른 관점의 새로운 시각을 가질 수 있도록 유도하는 것이 좋다.

요약은 전체적으로 많이 논의되었던 이야기를 핵심 메시지로 잡거나, 많이 공감했던 내용을 3가지 정도로 정리한 후 코멘트를 하면서 정리하면 된다. 경우에 따라서는 상반된 의견만 서로 이야기하다가 끝나는 경우도 있지만 크게 문제될 것은 없다.

직장인의 독서 토론은 서로의 다른 시각을 이해하는 것이 목적으로, 이견을 좁히거나 하나의 결론을 내자는 것이 아니다. 또한 서로간의 팽팽한 의견 대립으로 전체 분위기가 나빠지면 북퍼실은 양쪽 의견이 모두 일리가 있다는 코멘트를 한 후 넘어가는 것이 좋다.

모임이 잘 운영되고 활성화되기 위해서는 모임의 북퍼실이 핵심적인 역할을 감당해야 한다. 독서 동호회 참여자들은 서로의 생각과 통찰력을 공유하면서 자기 발전을 이루게 되며, 이때 퍼실리테이션 기법을 잘 활용하여 집단 지성을 잘 촉진시킨다면 참여자들의 만족도가 높아지고, 동호회가 잘 운영될 것이다.

2. 퍼실리테이션 도구를 활용하라

퍼실리테이션에는 다양한 도구와 방법이 있지만, 여기에서는 행복한 책 동호회에서 대표적으로 적용한 4가지 도구에 대해 알아보도록 하자.

첫째, 오프닝은 체크인/체크아웃으로 시작하라

체크인/체크아웃 활동은 본격적으로 어떤 활동을 시작하기 전에 가볍게 생각을 열고(Check-In: 자신의 일주일 감정 상태 확인), 독서 토론을 진행한 후 마무리(Check-Out: 토론 후의 감정 상태 변화)하는 것을 말한다. 이렇게 하는 이유는 일주일간 서로 보지 못한 상태에서, 또는 상대방의 감정 상태를 알지 못하고 바로 본론으로 들어가면 생각과 말이 경직되고, 토론하면서 어떤 말을 해야 할지 난감한 경우가 많기 때문이다. 이것은 호텔에 들어갈 때 숙소에 들어가는 체크인이라는 용어와 같은데, 비유하자면 호텔 입실을 할 때 직원과 가벼운 인사를 나누며 분위기를 엿보고, 퇴실을 하고 나오면서 호텔 직원과 마지막 담소를 나누는 것에 비유할 수 있다.

둘째, 이야기 발언권, 토킹폴을 주어라
독서 동호회를 하다 보면 어떤 때는 회원들의 책에 대한 발언 시간이 부족하기도 하고, 또 어떤 때는 이야기를 좋아하는(말발이 센) 회원들만 주로 발언을 하다가 끝나 버리는 일이 많기 때문에 회원 모두가 자신의 생각을 표현할 수 있도록 발언 기회를 고르게 배분하는 운영이 필요하다.

이에 대한 고민 해결책으로 찾은 것이 퍼실리테이션 도구 중 하나인 Talking Pole(말하는 막대기)이다. 이 방법을 쓰면 가상의 막대기가 주어졌을 때만 발언을 할 수 있다. 즉 돌아가면서 형평성 있게 말하고 참여자 모두에게 발언 기회를 공평하게 주는 것이다. 발언 시간은 3분 정도로 제한하고, 북퍼실이 왼쪽 또는 오른쪽 방향을 선택해서 Talking Pole을 돌리면 책에 대한 의견이 없거나, 참여자의 이야기를 듣기만 하고 싶다면, 자기가 발언할 타임에 "패스!(Pass)"라고 외치면 된다. 그러면 그 다음 사람이 발언을 이어가게 되고 참여자 모두에게 공평한 발언 기회가 주어진다. 회원들이 자신의 의지에 따라 발언을 할 수 있게 되는 것이다.

셋째, 북토크의 세부 시간을 설계하라
우리 동호회는 매주 금요일에 모여 1시간 동안 '북토크'를 진행한다.

북토크의 시간 배분은 Check-in 5분, Reading 10분, Speaking 40분, Check-out 5분으로 하며, 그 내용을 살펴보면 다음과 같다.

가. Check-in, 5분 : 한 주간에 있었던 기분 좋았던 일, 현재의 감정 표현
회원들이 참가하면 각기 30초 정도로 주간에 있었던 기분 좋았던 일, 축하할 일, 현재 감정을 표현하는 Check-in 발언을 한다. 사실 이런 가벼운 발언을 통해 끈끈한 유대감이 생긴다. 일등한 아들의 시험 성적에 기분이 좋았다는 회원도 있고, 오늘이 자신의 결혼기념일 또는 생일이라는 것을 밝히는 회원들도 생긴다. 이렇게 회원들의 기억에 남는 소소하고 행복한 기념일을 챙기기도 하고, 좋지 않은 일로 우울한 회원을 배려하기도 한다.
  북퍼실은 회원들의 상태를 유심히 관찰하면서 모임을 운영할 필요가 있으며, '긍정성'을 넣지 형태로 표현해야 모임이 즐거워진다. 앞에서 언급한 것처럼, 즐거웠던 일 또는 축하할 일로 포문을 열어 모든 사람들이 즐거운 마음으로 토론에 임할 수 있도록 생각을 열게 하는 것이 중요하다.

나. Reading, 10분 : 책 읽기
책 읽는 시간을 10~15분 정도 갖는다. 때에 따라서는 Reading을 Skip하기도 한다. 일주일 동안 책을 한 줄도 못 읽었다고 호소하는 회원들을 많이 만나게 되는데, 대부분의 직장인들은 책 읽는 시간을 좀처럼 내기 어렵다. 이에 일주일에 한 번씩 모임을 갖는 우리 동호회는 책 읽기 시간을 짧게나마 할애한다. 조용한 가운데 Reading(책읽기) 시간이 지나면 Speaking(발언, 토론)의 시간을 갖게 되는데, 어떤 회원은 이 시간을 자신이 발언할 내용을

정리하는 시간으로 활용하기도 한다.

다. Speaking, 40분 : 책 내용을 요약하여 3분 스피치하기

앞에서 언급한 T.O.P.I.C로 책 내용을 요약하고 3분 스피치를 한다. Talking Pole 개념이므로 3분이 지나면 발언 기회가 옆 사람에게 자연스럽게 넘어간다. 사실 책을 읽고 오지 않아도 돌아가면서 읽은 책의 내용을 3분 동안 요약, 발췌, 정리해 주므로 이런 발언을 듣다 보면 생각이 매우 풍부해진다. 이는 10명의 서로 다른 지식인들이 같거나 다른 책을 재해석해서 자기가 받은 느낌을 공유하기 때문으로, 내가 알지 못했던 새로운 내용이 나오거나 다른 각도에서 비춰진 책의 또 다른 해석은 언제나 신선한 충격을 준다.

라. Check - out, 5분 : 마음을 가다듬고 상호 교훈/성장 이야기하기

마무리하는 시간이다. 회원들이 모임에 참여해서 얻은 경험과 전체적인 교훈을 공유해 준다. 예를 들어 "오늘 모임에는 최근 베스트셀러인 '미움 받을 용기'에 대해서 다양한 해석을 얻을 수 있었습니다.", "현재까지 읽지는 못하고 있지만, 꼭 사서 읽어 봐야겠다는 생각이 드네요.", "오늘 북토크는 집중이 잘 안 됐어요. 오전에 너무 열심히 일했더니 지금은 아무 생각 없이 몽롱한 상태로 있는 것이 보약인 것 같습니다. (웃음)" 등과 같은 내용이다.

넷째, 창의 사고력을 위해 'PMI'를 활용하라

북토크는 매주 금요일에 자기가 읽은 책을 소개하고 독서 토론은 한달에 한

번 또는 격월에 한번씩, 특정한 책을 선정하여 책에 대해 의견을 교류하는 시간을 갖는다. 일반적인 독서 토론 방식은 특정 주제와 이슈에 대해 찬성과 반대 입장에서 논리적인 근거와 주장을 상대방에게 설득하는 것이다. 반면에 '행복한 책' 독서 토론 방식은 책에 대해 긍정과 부정적인 면을 함께 논의, 평가하는 과정에서 나와 다른 사람의 관점을 이해하고 미처 생각하지 못한 사실과 통찰을 깨닫는 것이다. 이를 위해 '행복한 책' 동호회는 독서 토론 시에 창의성 사고 기법인 PMI를 활용한다.

PMI 기법은 De Bono(1973)가 제안한 방법으로 PMI의 P(Plus)는 제안된 아이디어의 긍정적인 관점, 강점 (왜 그것이 좋은가?), M(Minus)은 제시된 아이디어의 부정적인 관점, 약점 (왜 그것이 좋지 않은가?), I(Interesting)는 흥미롭게 생각되는 관점(주목할 만한 가치가 있는가?)을 뜻하며, 특정 대상이나 아이디어 대해 단순하게 반응하는 것이 아니라, 긍정적인 관점(Plus)과 부정적인 관점(Minus), 흥미롭고 가치가 있는 관점(Interesting)을 철저히 분리해서 생각하도록 사고 방향을 전개하는 방법이다. 여러 가지 요인들이 혼합되어 작용하는 PMI 기법의 생각 단계를 하나씩 거치다 보면, 냉철히 판단되는 이점이 있다.

3. 온라인 커뮤니티를 만들어라

독서 동호회를 운영할 때, 가장 먼저 하는 작업은 온라인 커뮤니티(웹사이트)를 만드는 것이다. 우리 회사는 지식 관리 시스템과 인터넷 구축이 용이하게 되어 있어 온라인 동호회를 쉽게 만들 수 있다. 처음에는 한두 명 정도 호기심이 있는 사람들이 먼저 가입을 하게 되는데, 동호회 운영자와 초기 가입자들과의 원활한 소통은 매우 중요하다.

온라인 커뮤니티가 만들어졌다면, 그 다음으로 회원들에게 온라인 상에서 가볍게 할 수 있는 글쓰기 미션, 또는 책에 대한 정보를 주어 계속 관심을 갖도록 만들어야 한다.

마스터는 초기 가입자에게 중요하고 재미있는 정보를 주기적으로 보내서, 온라인 활동이 주기적으로 일어나고 있음을 주지시켜야 한다.

그리고 마지막으로는 온라인 모임과 함께 오프라인 모임을 진행해야 한다. 처음부터 오프 모임을 진행하면 많이 낯설기 때문에 온라인 모임을 통해 어느 정도 친분을 쌓은 다음에 오프 모임을 갖는 것이 좋다.

4. 북 전도사와 메이트를 정하라

나는 동호회 모임을 처음 가졌을 때 아이스브레이크 활동이 필요함을 느

겼다. 모임에 자주 나오는 열혈 독서가들은 매주 참여하여 스스럼없이 이야기를 나누지만, 가끔 나오는 회원이나 신규 회원들은 대화를 편하게 하지 못한다. 특히 신규 회원은 낯선 분위기 탓에 어색한 경우가 많은데, 그래서 생각해 낸 아이디어가 교회 전도사 역할이다. 교회에 처음 나가면 전도사가 친근하게 다가와 교회 생활을 안내한다. 우리 행복한 책 동호회도 신입 회원이 처음으로 모임에 나오면 '북 전도사'의 가이드를 받는다. 물론 회장이 도맡아 하는 역할이지만, 북 전도사는 처음 온 회원들에게 친근하게 다가가 회사 소속(우리 회사는 여러 사업부로 나뉘어 있다)도 물어보고, 회원 모두에게 친근하게 소개를 시켜주면 원활히 적응할 수 있다. 또한, 신입 회원이 희망한다면 '북 메이트'도 연결해 주는데 '북 메이트'는 2인 1조로 책을 읽고 사전에 간단히 담소를 나누거나 독서 모임에 빠지지 말자고 동기부여를 하는 사람이다.

5. 책 읽는 환경을 효과적으로 만들어라

우리는 보통 편하고 푹신한 의자를 보면 그 의자에 앉고 싶고, 한여름에 시원한 냉커피를 보면 한잔 쭈~욱 들이키고 싶어 한다. 도서관 열람실에서는 주변의 독서 열기로 지속적으로 공부를 할 수 있다. 이 모든 것은 환경이 나를 만들고 있는 것이다. 또한 나 자신이 의도적으로 환경을 만들 수도 있다. 일부러 도서관을 찾아가서 공부를 하는 행위는 환경을 내가 의도적으로 만드는 것이다. 이렇게 하면 환경은 내가 만들지만, 환경이 다시 나를 만드는 선순환의 고리가 연결되고, 무엇인가를 지속적으로 할 수 있는 힘을 얻게 된다.

여기서 말하는 환경은 즐거움을 지향하는 가치관, 모임에서의 세부 역할과 담당자, 운영 프로세스 등을 일컫는다. 회사 내 모임이든 지역사회나 학교 독서 동아리 모임이든 당신이 독서 동아리의 리더라면 먼저 효과적으로 운영할 수 있는 환경을 만들고 이에 대한 회원들의 피드백을 받아 개선해 나가는 것이 좋다.

서로의 가슴을 향해 난 길, 그 길밖에는 이상적인 도시로
가는 길이 따로 있지 않습니다.

- 인도의 철학자 오로빈도 고시 -

독서 동호회 활동 사례 '북-플레이'

  책을 사랑하는 사람들에게 있어 책을 고르는 즐거움보다 더 큰 즐거움은 없을 것이다. 이 세상의 모든 행동이 그러하듯 책을 고르는 것 또한 책을 사랑하는 사람들과 함께라면 더 즐거운 경험이 될 수 있다. 삼성전자 행복한 책 읽기 동호회에서는 정기적으로 북-플레이(Book Play) 행사를 벌인다. 북-플레이는 MBC 무한도전의 미션게임처럼 서울 인근에 위치한 다양한 서점이나 북카페를 방문해서 놀이를 통해 책과 새로운 인연을 만드는 행사이다.

북-플레이 활동 1 : 무엇을 찾아줄까?

1. 진행자가 '아이디어' '혼술' '낮잠' 등 특별히 연결되지 않고 의미 없는 낱말을 제시한다.
2. 참가자들은 서점을 돌아다니며 해당 낱말이 제목에 들어있는 책을 찾는다.
3. 찾은 책의 핵심 메시지를 짧은 시간에 이해하고 찾아온 책들을 공유한다.
4. 제시된 시간 안에 책을 찾아 책의 메시지를 공유하고 공통 키워드를 뽑아낸다.
5. 우수 참가자에게 선물을 준다.

예를 들어 '아이디어'라는 낱말이 제시어로 나오면 회원들은 서점(또는 도서관)을 돌아다니면서 아이디어라는 단어가 들어간 제목의 책을 찾아온다. 그리고 찾아온 책에서 저자가 어떤 내용을 전달하려고 하는지 짧은 시간 안에 책의 내용을 파악해서 미션 참가자들과 공유한다.

만약 뤼크 드 브라방데르/앨런 아이니의 '아이디어 메이커', 스티븐 존슨의 '탁월한 아이디어는 어디서 오는가', 엑스-놀리지의 '인테리어 아이디어 350'이라는 세 권의 책을 골랐다면, 짧은 시간 안에 3권의 핵심 내용을 머릿속으로 정리한다. 3권의 세부 정보는 스마트폰이나 PC인터넷의 도움을 받아도 되며, 온라인 서점 사이트에 올라와 있는 도서 후기 정보를 이용해도 좋다. 하지만 디톡스라는 개념이 있다면, 스마트폰이나 PC 사용은 엄격히 제외된다.

참가자들은 3권의 책에 대한 핵심 내용을 다 정리한 후 바로 옆에 있는 커피숍으로 이동한다. 그리고 자신이 고른 3권의 책과 내용을 회원들과 공유한다.

 이 때 내가 고른 책 3권 중 2권은 아이디어가 어떻게 발현되고 어떻게 만들어지는지와 관련된 도서로, 도서 제목은 '탁월한 아이디어는 어디서 오는가'와 '아이디어 메이커'이다. 나머지 한 권은 집의 수납 공간을 활용한 공간 배치에 관한 아이디어 책 '인테리어 아이디어 350'이다.

 나는 3권의 책 내용을 공유하면서 '공간'이라는 공통적인 키워드들 뽑아냈다. '탁월한 아이디어는 어디서 오는가'의 1장에 나오는 인접가능성(둘러싸고 있는 환경에서 가능성을 발견하라)과 2장의 유동적 네트워크(자유로운 공간에서 넘치는 정보를 공유하라)에는 '공간'의 중요성이 나오고, '아이디어 메이커' 346쪽에는 '적절한 물리적 환경 연출하기'가 나온다. 소제목에서도 '공간'의 중요성이 일치했다. 또한 아이디어 키워드로 골라온 3번째 도서 '인테리어 아이디어 350' 또한 새로운 생각에 맞추어 공간 활용을 하는 주제의 책이었다.

 '탁월한 아이디어는 어디서 오는가' 122쪽에는 세렌티피티(뜻밖의 발견)에 대한 다음과 같은 내용이 나온다.

 영어에는 우연한 연결의 힘을 묘사하는 멋진 단어가 있다. 뜻밖의 발견을 의미하는 "serendipity"라는 단어다. 영국 소설가 호레이스 월풀이 1754년에 쓴 편지에서 처음 만들어진 이 단어는 페르시아의 동화 '세렌디프의 세 왕자'에서 따온 것이다. 동화의 주인공들은 "자신들이 찾지 않던 것들에서 우연히 총명함을 발견해낸다". 미국 소설가 존 바스는 항해

용어를 이용해 그 단어를 이렇게 묘사했다 "경로를 미리 정해서는 세렌디프에 도달하지 못한다. 다른 곳에 도착할 거라고 굳게 믿으며 우연히 방위를 잃어버려야 한다."

'무엇을 찾아 줄까' 라는 책 미션 게임은 '탁월한 아이디어는 어디서 오는가'라는 책의 창의성 방법을 그대로 구현한 것이라고 볼 수 있다. 이 책의 1장에는 인접가능성(둘러싸고 있는 환경에서 가능성을 발견하라)에 대한 내용이, 2장에는 유동적 네트워크(자유로운 공간에서 넘치는 정보를 공유하라), 3장에는 느린 예감(천천히 진화하여 새로운 연결을 만든다), 4장에는 뜻밖의 발견(예감 속에 있는 연관성을 찾아내라) 내용이 들어 있다.

우리는 서점이라는 책 환경이 구축된 공간(1장)에서 '무엇을 찾아 줄까'라는 미션게임으로 책을 통한 가능성을 발견해 나갔고, 물리적으로 수많은 정보를 가지고 있는 서점(또는 도서관)에서 필요한 정보를 선별해 나갔으며(2장), 3권의 책에서 공통적인 요소를 발굴해서 '공간'이라는 키워드가 찾아내는 세렌디피티를 경험했다. (3장, 4장)

어찌 보면 '탁월한 아이디어는 어디서 오는가'의 책 내용을 중심으로 '무엇을 찾아 줄까'라는 프로그램을 기획했고 이를 실행한 것이다.

북 플레이 활동 2 : 너에게 어울리는 책을 찾아 줄게!

사람은 개인마다 취향이 다르다. 옷 입는 것부터, 좋아하는 음식, 좋아하는 책까지도. 이런 다양성을 가진 사람들과 동호회 활동을 하다 보면 그 사람만의 독특한 성향에 걸맞은 책이 불현듯 떠오르는 경우가 있다. 그래서 이것을 놀이 형태로 만든 것이 '너에게 어울리는 책을 찾아 줄게' 라는 놀이다.

1. 참가자 모두가 서점을 돌아다니면서 불현듯 떠오르는 참가자에게 어울리는 책 한 권씩을 찾는다. (기존에 알고 지낸 회원은 평소의 느낌과 이어지는 책을 고르고, 초면인 회원은 '그럴 것 같다'라는 생각으로 어울리는 책을 찾아 주면 된다.)
2. 회원들이 책을 골라 오면 모든 회원이 모인 자리에서 해당 회원에게 선택한 책이 상대방에게 왜 어울리는지 이유를 설명하고 대상자에게 책을 건네준다.
3. 대상자는 여러 사람이 추천한 책들 중에서 최고로 마음에 드는 책 한 권을 정한다.
4. 여러 사람이 찾아준 책 중에 정말 대상자의 마음에 든 책. 즉, 어울리는 책을 잘 찾아준 사람에게는 진행자가 책 한권을 선물로 준다.

북-플레이 활동 3 : 나도 작가다!

독서를 즐기는 회원들과 이야기를 나누다 보면, 독자를 넘어서 나도 작가가 되고 싶다는 회원을 종종 접하게 된다. 이들은 자기만의 노하우를 담은 정보 공유의 책, 자기 계발 차원의 책, 일상의 에세이를 담고 싶은 책 등 다양한 분야의 글을 쓰고 싶어 한다. 하지만 글을 써서 책 한권을 엮어 내기가 쉽지 않다는 것을 금세 깨닫는다. 그래서 작가의 경험을 미리 해보게 할 수 없을까 하고 생각해 낸 북—플레이 활동이 '나도 작가다!' 놀이이다. '나도 작가다!' 놀이는 작가 사인회과 인터뷰를 접목하여 만든 것이다.

1. 참가자는 자신이 사인 받을 책을 한 권씩 서점에서 구매한다.
2. 펜과 함께 구매한 책을 들고, 참가자들과 1:1로 만나서 한 명은 작가인 양 상대방의 책에 사인을 해 주고 한 명은 독자 역할을 한다.
3. 이때 사인하는 작가는 정말 작가처럼 말하고, 독자는 "이 책을 정말 감명 깊게 읽었어요. 팬이예요."와 같은 다소 과장된 반응을 보여준다.
4. 독자는 작가가 책을 쓰면서 어려웠던 점, 좋았던 점 등을 간단히 인터뷰한다.
5. 작가는 사인만 하는 것이 아니라 덕담도 같이 남긴다.
6. 다른 저자에게도 추가적으로 사인을 받으며 2~3번 반복한다. (책 표지 안쪽 외에 뒷표지 안쪽도 활용한다.)
7. 이제 그 책은 다양한 저자의 사인과 덕담이 담긴 나만의 책이 된다.

이런 놀이와도 같은 독서 동호회 활동은 서점에 대한 친밀감과 즐거움을 선사한다. 도서관은 더 이상 딱딱하고 조용한 책 전시 공간이 아니라, 즐거움을 경험하는 놀이터가 된다. 게다가 이런 놀이를 통해 우연히 만나게 된 책들이 더 신선한 인사이트를 주거나, 현실에 당면한 문제나 고민을 해결하는데 도움이 되는 경우가 많다.

성인들이 도서관이나 서점에서 책을 고르는 행동 패턴은 자신이 선호하는 도서류에 따라 고정되는 경우가 대부분이다. 자기계발서 쪽만 둘러보고 나가는 사람이 있는가 하면, 전공서적과 시험서 위주로만 돌아보는 사람도 있고, 여행이나 취미 분야만 돌아보는 사람도 있다. 이렇게 자기가 선호하는 책만 고르다 보면 사고가 한정되기 마련이다.

요즘처럼 전혀 알지도 못하는 새로운 문제를 해결하고 통합적인 지식을 요구하는 시대에 한정된 사고는 별 도움이 되지 않는다. 따라서 놀이를 통해 평소에 접해 보지 못했던 책들과 우연히 만나게 되면 새로운 지식을 쌓게 되는 것은 물론, 창의적인 사고 발달과 문제를 해결하는 돌파구를 마련할 수 있다.

소통의 비결은 타인의 입장에서 생각하는 것이다.

-독일의 철학자 아서 쇼펜하우어-

독서 동호회 활동 사례
'북 어택, 서점 공략법'

　우리의 몸은 어떤 측면에서 보면 자판기와 같다는 생각이 들 때가 있다. 뭔가를 집어넣으면 인풋에 걸맞은 생성물이 출력되는 구조라는 것이다. 책이나 강연 등 새로운 경험의 동전을 넣어 주면 우리의 뇌는 자극을 받아 또 다른 산출물을 만들어내고 싶어 하는 그런 기능이 숨어 있다.

　뇌를 자극하는 동전을 넣어주는 가장 좋은 방법은 직접 경험이다. 하지만 모든 것을 다 경험해볼 수는 없으니 우리는 원하는 것을 간접적으로 체험할 수 있는 독서에 매달리는 것이다. 독서의 장점이야 이미 선현들이 역사책에서 입이 닳도록 얘기했으니 다 알고 있는 것이겠지만, 그 장점 중에서 가장 주목해야 할 것은 책을 읽으면 사람의 뇌가 크게 자극을 받는다는 점이다. 내가 읽고 이해하고 공감한 것들이 다른 사람들에겐 어떤지, 나와 같은 생각을 했을지 혹은 다른 경험을 한 사람은 어떻게 받아들일지 등 궁금증이 꼬리를 물게 된다. 누군가와 담소를 나누다 보면 섬광처럼 일어나는 아이디어를 경험하게 된다.

'서점 어택 게임'은 부회장 겸 총무인 J와 다양한 아이디어를 이야기하다 나왔다. 우리는 서점을 갑자기 공격한다는 재미난 상상으로 시작하여 어떤 미션을 세세히 진행할지 구체적으로 논의하기 시작했다. 사실 어떤 행사를 기획하고 설계를 해서 실행에 옮기기까지는 어려운 과정이 많다. 그것도 업무를 떠난 외적인 일은 더욱 그렇다.

하지만 얼마 전 읽은 백지연의 '크리티컬 매스'에 나온 글귀 '성공이란 나 때문에 한 사람이라도 행복해지는 것'이라는 정의처럼, 사람은 타인을 기쁘게 하는 것에서 행복을 느끼는 이타적인 동물이라는 점에 착안해서 결국 특별한 미션지를 만들었다.

이제 모두를 행복하게 만든 '북 어택, 서점 공략 사례'를 한번 살펴보자.

중앙문 내방객 장소에 모이기로 한 오후 6시. 최근 열혈 독서가로 한번도 모임에 빠지지 않는 다크호스 O가 먼저 등장했다. 이어서 G가 도착했고, 곧 H가 나타났다. H는 밝고 환한 미소로 재기발랄하게 자기소개도 잘하는 신입 회원이다.

우리 4명은 부서 이야기, 현재 처한 상황 등에 대한 이야기를 나누며 예정된 '스시림'(스시 뷔페 식당)으로 향했다. 처음에는 4명으로 미션을 시작하는 것이 아닌가 하는 조바심도 났지만, 모처럼 만에 기획한 이벤트라 설레는 마음이 가득했다.

　스시림에 도착한 우리가 가방을 풀고, 자유롭게 이야기를 나누는 가운데, U와 K, J, P회원이 연달아 도착했다. 이렇게 되면 총 8명이 되므로, 미션 수행을 재미있게 할 수 있겠다는 생각이 들었다.

　우리는 식사를 하면서 '회사에서 건강 챙기기'라는 주제를 가지고 이야기를 나누었다. 우리는 열심히 일하는 것도 중요하지만, 건강부터 챙겨야 한다는 데 동의하며, 네이버 밴드에 모바일 커뮤니티를 만들고 모두가 등록을 했다. 왜냐하면 밴드에서 미션이 나가고, 밴드에 누가 먼저 사진을 업로드 하느냐가 미션 순위를 결정하기 때문이다.

　19시 30분. 스시림에서 식사를 끝낸 우리는 4명씩 나뉘어 택시를 타고 가기로 했다. 우리가 탄 택시 기사님이 선발대의 택시를 보면서 "여자 4명 남자 4명 짝이 잘 맞는 모임이네요."라며 웃었다. 그러고 보니 우연치 않게 남녀의 인원수가 각 4명으로 맞춰졌다는 것이 재미있었다.

　미션 지령을 내리기 5분전. 회원들에게 미리 알림을 줘서 긴장감을 유도했다. 먼저 출발한 여성팀은 택시 기사가 수원 영통문고와 조금 떨어진 곳에 내려준 탓에 10분 늦게 도착했다고 푸념을 했다.

　오늘의 북어택 이벤트 컨셉은 디톡스(디지털을 떠나고 싶다)와 소셜을 접목해서 책을 찾는 것이다. 서점에 도착하면 본인의 스마트폰과 서점 검색대를 이용하지 않고, '행·복·한·책'으로 시작하는 책 4권을 찾아 바로 옆에 있는 동료와 같이 인증샷(소셜 개념)을 찍어 밴드 게시판에 올리는 미션 게임이다.

마침내 네이버 밴드에 다음과 같은 미션이 공지됐다.

> 안녕하세요. '행복한 책' 서점 어택 이벤트에 오신 것을 환영합니다.
> 저는 여러분에게 미션을 드리는 X맨입니다.
> 지금부터 여러분은 다음과 같은 미션을 수행해야 합니다.
>
> 이번 미션은 '행·복·한·책'이라는 글자가 각각 들어가는 책을 찾아오는 게임입니다.
>
> 먼저 '행'으로 시작되는 제목의 책 1권, '복'으로 시작되는 제목의 책 1권, '한'으로 시작되는 제목의 책 1권, '책'으로 시작되는 제목의 책 1권, 이렇게 총 4권의 책 제목으로 '행·복·한·책'을 만드세요.
>
> 예를 들어, 책 제목이 '행복한 나날' (행), '복집으로 가요' (복), '한복집에서 생긴 일' (한), '책장사' (책)으로 해서 "행복한 책" 4권을 구성하십시오.
> 미션을 수행한 후 바로 가까이에 있는 행복한 책 회원(아무나)에게 확인을 받으면 되는데요. 책 4권을 들고 확인해준 회원과 함께 인증샷을 찍어 네이버 밴드 '행복한 책' 게시판에 올려 주시면 됩니다. 참고로 네이버 밴드 게시판에 사진을 먼저 올리는 다섯 분께 선물이 지급된다는 것을 알아두세요.

미션 수행 상위 5위까지 원하는 책 한 권을 살 수 있는 기회를 드리고, 6위 이하는 커피 한 잔을 대접합니다. 행운을 빕니다. 파이팅!!!

(규칙)
1. 스마트폰과 영풍문고 검색대를 절대로 사용하면 안 됩니다. 무조건 아날로그 방식으로 찾아야 합니다.
2. 옆에 있는 '행복한 책' 서점 어택 참가자와 같이 사진을 찍지 않으면 무효입니다. 꼭 책 4권을 들고 옆 동료와 같이 인증샷을 찍어서 올리십시오.
3. 반드시 '행·복·한·책' 4권의 구성은 책 제목의 첫 글자에서 시작되어야 합니다.

— 이상

미션이 주어지자, 참가자들은 마음이 조급해져서 빠르게 흩어져 책을 찾기 시작했다. 평소 검색대를 이용해서 책을 찾아보던 습관이 몸에 배어 처음에는 다소 우왕좌왕하던 회원들이 진열되어 있는 책들을 찬찬히 훑어보며 해당 도서를 찾기 시작했다.

O가 가장 먼저 책 4권을 찾아 인증 사진을 찍은 후에 밴드에 업로드를 했고, 연이어 모든 회원들이 책을 찾아 인증샷을 올렸다.

　　미션을 끝낸 후 우리는 옆 커피숍에 모여 앉아 수다를 떨며 이번 미션의 의미와 결과에 대한 의견을 나누었다. 새로운 시도는 언제나 뇌에 자극을 주어 다채로운 삶을 선사한다. 책 선물을 받은 회원들의 작은 것에 기뻐하고 즐거워하는 모습에 덩달아 나도 뿌듯함을 느끼며, 새로운 독서 이벤트에 대한 의지를 다졌다.

누군가를 이해하지 않고서는 그를 바르게 판단할 수 없다.

-베트남의 승려 틱낫한-

독서 동호회 활동 사례
'북토크 & 북워킹'

행복한 책은 매주 금요일 점심시간에 어김없이 모인다. 언제 어느 장소에서 모인다는 공지를 굳이 하지 않더라도 항상 시간과 장소를 동일하게 진행한다. 좋은 점은 많다. 회원들에게 "오늘은 모임이 없습니다."라고 굳이 말하지 않는 이상, 회원들은 정해진 시간에 책을 들고 와 지혜를 나눈다. 가끔은 예기치 않는 모습을 보게 되는 경우도 생긴다. 동호회실이 따로 마련되지 않을 때는 항상 회의실을 사전 예약해서 모임을 가졌기 때문에 회의실 예약자는 예약 시간 5분 전에 회의실을 미리 열어 놓아야 한다.

업무를 마무리하다가 모임 장소에 5분 정도 늦게 도착한 회의실.
회원 10여 명이 벽에 일렬로 기댄 채 책을 읽는 장관이 눈에 들어왔다. 회의실 문이 열리기를 기다리며 책을 읽는 회원들의 모습은 정말 아름답다.

직장인들의 황금 시간이라고 불리는 점심시간.
이제 행복한 책 회원들이 매주 금요일마다 어떻게 점심시간을 보내는지 시간의 흐름을 쫓아가 보자.

1. 12시 00분 ~ 12시 5분 : 마음의 얼음 깨기 (ICE Breaking)

공지사항을 전하면서 신입 회원과 기존 회원들이 아이스 브레이킹 시간을 가졌다. 이날은 특별히 K의 후배 J가 참여했다. K가 행복한 책 회원들에게 J를 소개했다. J는 회사에 이런 모임이 있었는지 몰랐다며 함께 독서를 하면 무척 재미있겠다는 인사말을 했다.

2. 12시 5분 ~ 12시 10분 : 마음 나누기 (Check-in)

Check-in 시간은 현재 본인의 감정 상태를 공유하는 시간이다. 현재 기분이 좋다거나, 우울하다거나, 스트레스가 있다거나 하는 회원들의 감정 상태를 공유한다. 책을 읽는 것도 중요하지만, 동호회에서는 서로의 마음을 읽고 공감하는 것이 더 중요하기 때문이다.

3. 12시 10분 ~ 12시 20분 : 책 읽기 (Reading)

리딩 시간은 10~15분으로, 이 시간에는 각기 토론 내용을 정리하고 바로 이어질 스피치 시간에 책의 어떤 부분을 공유할지 마음속으로 정리한다. 리딩 시간에는 경우에 따라 조용한 클래식 음악을 틀어놓기도 한다.

책을 읽는 모습을 잘 관찰하다 보면 회원들이 어떤 목적으로 책을 읽는지 알 수 있다. 지식을 빠르게 얻고 싶은 사람은 눈빛이 살아 있으며, 읽는 속도도 빠르고 경제 경영 독서를 즐겨 읽는다. 반면 책을 통해 힐링을 하고 싶은 회원의 얼굴은 편안하며 읽는 속도도 조금 느리다. 책을 읽다가 공상에 빠지는 모습이 가끔 목격되기도 한다.

4. 12시 20분 ~ 13시 00분 : 북토크 (선택 1)

일반적인 아이디어를 내는 방식인 '브레인스토밍'은 말 그대로 뇌에서 폭풍우가 치듯이 생각을 꺼내는 방식이다. 이런 방식을 모티브로 나는 북 브레인스토밍(Book Brainstorming)을 착안했다. '북 브레인스토밍'은 어떤 사람이 책의 주제를 놓고 자기의 의견과 교훈, 통찰한 내용을 이야기하면, 이것에 대해 의견과 아이디어를 추가적으로 내거나, 서로 질문하고 대화하는 방식으로 이루어진다. 우리 동호회는 이렇게 책을 중심으로 자유롭게 브레인스토밍을 하는 방식으로 수다 떠는 것을 '북토크'라고 한다. 점심시간에 커피를 마시면서 자유롭게 수다를 떨듯이, 책을 통해 수다를 떨며 이야기해보자는 취지다.

브레인스토밍을 하는 규칙을 응용해서 북토크를 운영하는 규칙은 다음과 같다.

첫째는 무조건적 비판 금지, 판단 유예이다.

상대방이 책에 대한 부정적인 의견만 제시하면 당연히 비판적인 생각이 발동하겠지만, 그 의견에 대해 비판적인 판단을 유예하는 것이다.

둘째는 자유분방함을 존중하는 것이다.

자유스러운 분위기에서 책에 대한 토의(Discussion)를 진행해야 주제에 대한 많은 의견과 아이디어가 나온다.

셋째는 다다익선이다.

책에 대한 재미있는 의견과 아이디어들은 많으면 많을수록 좋다. 생각과 의견을 제한하지 않고, 자유스럽게 이야기하도록 중재하는 것이 좋고, 참여 인원을 늘려 질보다는 양적으로 다양한 의견을 들어보는 것이 좋다.

넷째는 차용 존중이다.

책에 대한 이야기를 하다가 참신한 생각과 의견에 올라 타야 더 좋은 의견으로 발전될 수 있다.

이런 규칙을 활용해서 책에 대해 자유롭게 이야기하는 활동이 '북토크'이다.

5. 12시 30분 ~ 13시 00분 : 북워킹 (선택 2)

매주 실내에서 '북토크'만 하면 재미가 없다. 그래서 야외로 나가 활동적으로 '북워킹'이라는 활동을 통해 흥미를 더하는데, 북워킹은 박상곤/이태복의 긍정 조직 혁명(A.I)의 긍정 인터뷰 방식을 모티브로 삼은 것으로, 회사 주변을 산책하며 책과 관련된 주제로 상대방을 인터뷰하는 것이다.

'북워킹'을 할 때는 먼저 두 사람씩 짝을 짓는다. 그리고 자신이 생각하는 '최고의 책'을 파트너에게 소개하면서 30분간 회사 주변을 걸으며 이야기를 나눈다. 마치 한명은 기자가 되고 한명은 독서 전문가가 되어 '최고의 책'을 소개하는 것처럼 말이다. 그리고 주어진 30분의 시간이 끝나면, 모두 모여서 파트너가 소개해 준 '최고의 책'을 설명하면 된다. 책을 고른 안목도 더불어 칭찬하면 좋다.

'북워킹' 활동의 목적은 자기 스스로 책을 소개하는 것보다는 타인을 통해 전달하면, 책의 내용이 풍부해지기도 하고 가공되기도 하면서 신선한 재미가 생기기 때문이다. 그리고 북워킹의 장점은 무엇보다 경청의 힘이 길러진다는 데 있다. 파트너의 책 소개 내용을 집중해서 들어야 모임에서 잘 전달할 수 있다.

이렇게 우리는 책을 매개로 책 내용뿐만 아니라, 관련된 지식과 경험을 충분히 나누기도 하고, 논의하다가 생각나는 아이디어를 바로 실행에 옮기기도 한다.

행복한 책 동호회는 개발자, 마케터, 기획자라는 직원으로서의 신분을 떠나 다양한 책 관련한 지식으로 아이디어를 나누고 재미를 느끼게 해주는 모임이다. 책을 통해 신선한 자극을 받고, 말과 글로 공유하고 싶은 바람을 가진 사람들이 모인 곳이다. 이런 사람들이 모여서 생각을 공유할 수 있고, 뜻이 맞는 사람끼리 다양한 북 이벤트를 기획하고, 실행하고 상대방과 다름을 확인하는 과정을 통해 자신의 또 다른 모습을 창조해내기도 한다. 게다가 한 주에 한 번씩 만나서 업무에 찌든 마음과 고단함을 위로해 주고 즐거움을 나누는 지식의 동반자인 회원들이 모여 있으니 삶에 있어 이보다 더 가치 있는 모임이 어디에 있을까?

같은 책을 읽은 다른 사람들과 어울릴 때
책 읽기의 기쁨은 두 배가 된다.

— 영국 소설가 캐서린 맨스필드 —

독서 토론 사례 '미움 받을 용기'

앞에서 언급했던 퍼실리테이션 방법을 활용해서 실제 '미움 받을 용기' 독서 토론 운영 사례를 엿보기로 하자.

체크인(Check-in)

북퍼실 : 현재의 감정 상태를 회원들과 진솔하게 나누어 보는 '체크인(Check-in)'으로 오늘 모임을 시작하겠습니다.

A회원 : 오늘이 제 생일입니다. 출근하기 전에 와이프가 생일 선물로 만년필을 주더군요. 필기할 때마다 사각거리는 소리에 너무도 기분이 좋아집니다.

북퍼실 : 오늘이 생일이셨군요. 축하드립니다. 오늘 일찍 퇴근하셔서 가족과

좋은 시간을 가지길 바랄게요.

B회원 : 제가 먼저 체크인 할게요. 지난주 토요일에 행복한 책에서 주관하는 교육 봉사를 갔다 왔는데요. 아이들에게 독서의 즐거움을 전달하니 뿌듯하네요. 그 여운이 아직도 남아 있습니다. 그래서 기분 좋게 하루를 시작하고 있어요.

C회원 : 저는 어젯밤 스마트폰 게임에 빠져 있는 아들을 꾸짖어서 마음이 별로 안 좋네요. 부모의 마음처럼 아이들이 책을 즐기며 시간을 소중히 쓴다면 얼마나 좋을까요? 요즘 게임 때문에 아들과 갈등이 점점 커져가고 있어요. 여러분은 어떻게 대처하고 계시나요?

D회원 : 저희 가족은 거실과 같은 열린 공간에서, 부모와 함께 1회 20분 미만으로 스마트폰 사용 시간을 제한하는 우리 가족만의 규칙을 만들었어요. 또 스마트폰 사용 일지를 쓰게 하고 있고요. 이로 인해 우리 애들은 최근 들어 사용량이 많이 줄었어요. 한번 스마트폰에 대한 가족 규칙을 정해 보시는 것은 어떠세요?

C회원 : 아~가족 간의 규칙을 만들고 사용 일지를 쓰게 만드는 것도 한가지 방법이네요. 좋은 팁(Tip)이네요. 고맙습니다.

북퍼실 : 예, 맞습니다. 가족들 간에 꼭 지킬 수 있는 규칙을 정해서 하나하나 꾸준히 실천해 보는 것도 좋은 방법일 것 같네요. 자, 그럼 체크인을 마치고 본격적으로 '행복한 책' 독서 토론을 시작하겠습니다.
오늘 토론할 책은 지난 시간에 미리 공지 드렸던 '미움 받을 용기'입니다. 저자는 기시미 이치로와 철학자와 고가 후미타케 작가가 썼고요, 플라톤 대화

편처럼 아들러의 사상을 '청년과 철학자의 대화'라는 형식을 빌어서 엮은 책입니다. 목차는 총 4장으로 '첫 번째 밤 : 트라우마를 부정하라, 두 번째 밤 : 모든 고민은 인간관계에서 비롯된다, 세 번째 밤 : 타인과의 과제를 버리라, 네 번째 밤 : 세계의 중심은 어디에 있는가'로 구성되어 있습니다.

인간관계에서 자유롭고 행복해지는 아들러의 '개인 심리학'에 초점을 맞춘 이 책은 프로이트의 원인론적 사고를 부정하고 아들러의 목적론적 사고를 언급하면서 대화가 시작되는데요. 인간은 사회적 존재이므로 인간관계를 맺으며 살아갈 수밖에 없습니다. 만약 인간관계에서 다양한 고민과 갈등을 없애려면 우주 공간에서 혼자 사는 방법뿐이라고 책에서는 단언합니다. 따라서 행복해지기 위해서는 인간관계에서 자유로워져야 하고, 타인으로부터 미움을 받는 것에 대한 용기가 있어야 비로소 자유롭고 행복해진다고 말합니다.

또 나와 타인과의 과제를 구분해야 한다고 말하고 있는데요. 나의 기대와 신뢰를 받은 상대가 어떻게 행동하느냐는 그 사람의 과제인 것이죠. 또한 나에 대한 타인의 평가는 내가 관여할 문제가 아닙니다. 나의 과제는 공동체 감각 속에서 타인을 신뢰하고 나 자신에게 '용기'를 부여하는 것입니다.

아들러 철학에서 행복은 '공헌감'을 통해 얻어진다고 정의하고 있으며, 나라는 존재가 사랑받고 있다는 자존감을 통해 타자도 동일한 관점에서 존재로 인정하게 되면 곧 타자에 대한 신뢰가 생깁니다. 이를 바탕으로 관계 분리를 하고 타자 공헌을 통해 공헌감을 얻고 행복해진다는 철학입니다.

자, 그럼, 책에 대해서 긍정적인 의견 또는 공감하는 부분을 중심으로 우선 이야기해 보도록 하죠.

Plus (긍정적 의견)

A회원 : 책 구성이 대화체로 되어 있어, 몰입하게 만들었던 책입니다. 생각의 틀을 전환시키는 유연함이 돋보이고요. 원인론과 목적론 대목에서는 관점을 바꾸는 신선한 충격을 주더군요. 기존의 정신 분석학에서 해석하는 원인론은 과거의 트라우마(마음의 상처)가 현재의 심리와 행동을 결정한다고 보고 현재 느끼는 심리적 고통은 트라우마가 원인이라고 봅니다. 하지만 아들러는 사람의 행동을 결정짓는 것이 과거의 경험이나 환경을 통해 영향을 받는 것이 아니라, 스스로가 목적을 세워두는 것으로 행동과 심리가 결정된다고 보고 있습니다. 언제든지 희망하는 대로 변화가 가능하다고 보는 것이죠.

책에 나오는 내용처럼, "저 상사 때문에 일을 할 수가 없어."라고 원인론적인 말을 무심코 던지곤 합니다. 이 말은 아들러의 목적론적인 말로 재해석하면 "일을 하고 싶지 않아서 상사를 싫어하기로 했어"라든지, "내 무능력함을 인정하기 싫지 않아서 싫어하는 상사를 만들어냈다."라고 할 수 있는 것이죠. 목적론적 발상으로 바꾸는 이 대목을 특히 인상 깊게 읽었어요. 청년이 제 마음을 대변하여 철학자와 대화를 전개해 나가더군요. 과거의 원인과 주변 환경으로 현재의 저를 만들었다는 생각인데요. 과거의 원인과는 상관없이 언제든지 변화를 희망하면 극복이 가능하다는 목적론적인 시각으로 관점을 바꾸어 볼 수도 있겠다는 생각이 들더군요.

B회원 : '미움 받을 용기'는 무엇보다도 책 제목이 많이 끌렸어요. 직장인은 사회생활을 하면서 인간관계에서 오는 고민이 많은 것이 사실입니다. 내가

무심코 던진 말과 행동으로 상대방에게 상처를 주지 않을까 생각합니다. 또한 타인의 인정을 받기 위해 많은 노력을 기울이고, 이로 인해 스트레스를 받습니다. 항상 고민하고 신경을 씁니다. 하지만 책에서는 타인에게 인정받기 위해 민감한 행동을 과감히 포기하라는 주장이 새롭고, 일반적인 자기계발 도서와는 다르게 느껴졌어요. 타인의 인정에 너무 매몰되지 말자는 개념이 마음을 한결 편하게 만들더군요.

요즘 페이스북, 개인 블로그에 올린 자기 자랑의 글을 보면 타인의 인정에 너무 목말라 하고 있다는 생각이 들어요. 저 또한 SNS을 통해 '좋아요'가 많이 붙으면 인정받았다는 생각이 듭니다. 그래서 SNS을 통해 올린 댓글을 핸드폰으로 계속 확인하기도 하지요. 또한 회사에서도 일에 대한 평가를 의식해 불편한 행동을 하는 동료의 모습도 목격하기도 합니다. 저도 거짓된 행동은 아니지만 실제의 모습을 상사 앞에서 돋보이도록 하기 위해 과장된 말이나 행동을 보여 준 적은 솔직히 많아요. (웃음)

이 모든 것이 인정 욕구 때문이라고 생각합니다. 책에서 나오는 것처럼, 인정 욕구를 다 내려놓을 수는 없겠지만 우리가 '타인의 인정에 너무 매몰되어 있지 않은지' 다시 한 번 생각하게 된 계기가 되었습니다. 인정 욕구를 버리면 인생이 편해지지 않을까요?

C회원 : 다른 사람과 나를 비교하고, 자신감을 잃어가는 사람들에게 도움이 되는 부분이 많습니다. 특히 "나와 타인의 과제를 구분하고, 타인의 과제를 버려라."와 같은 쉽지 않은 상황이 제법 많긴 하지만, 생각의 틀을 바꾸는데 있어서 의미 있는 방법이라고 생각합니다.

책 제목인 '미움 받을 용기'와도 연결되는 부분인데, 상대가 나를 미워하는 것은 내 과제가 아니라고 하지요. 지극히 공감이 되는 대목이기도 합니다. 업무적으로 회사 동료와 언쟁이 있고 감정이 격해진 적이 있어요. 그때 이런 고민을 했던 적이 있습니다. '누군가 나에게 화를 냈을 때 어떻게 반응해야 할 것인가?' 간단히 그가 나에게 악한 감정으로 화를 낸 것인가와 악한 감정 없이(실수로 혹은 감정이 미숙하여) 화를 낸 것이라고 나눠 봤습니다. 그 사람이 나에게 악한 감정이 없다고 했을 때, 그는 나에게 화를 낸 것이 아니므로 나는 반응하지 않는다(동시에 나도 내가 화를 내는 것을 원하지 않으므로). 반대로 그 사람이 나에게 악한 감정이 있을 때, 내가 똑같이 화를 내고 대응하는 것은 그가 원하는 것이자, 내가 바라지 않는 것이므로, 나는 반응하지 않는다. 결국 '반응하지 않는다'로 결론이 나더라고요. 물론, 실생활에서 복잡하게 얽힌 인간관계에 적용하기는 쉽지 않지만, 나와 타인의 과제를 구분하는 것은 마음을 차분히 정리하는데 도움이 되는 개념이 아닐까 싶습니다.

D회원 : 구절마다 마음에 울림이 있고 실천해야 하는 것들도 많았어요. 열심히 메모하면서 읽었네요. 특히, 사회생활을 하는 직장인들에게 많은 도움이 된다고 생각합니다. 회사는 혼자 일하는 경우가 거의 없잖아요. 작고 사소한 일부터 업무적인 큰일까지, 직장 생활을 하다 보면 다양한 관계 속에서 오해와 갈등이 심화되는 경우도 많아요. 이로 인해 분위기가 냉랭한 경우가 있고, 서로 잘못을 인정하고 사과하는 타이밍을 놓쳐 아예 담을 쌓고 지내는 경우도 종종 목격하곤 합니다. 저에게는 인상 깊게 기억이 남는 대목이 생각납니다.

'잘못을 인정하는 것, 사과하는 것이 패배는 아니다.', '평범해질 용기, 평범한 것이 무능한 것은 아니다.' 이 두 가지 다 생각의 틀을 바꾸는 유연함이 있는 부분이었습니다. 잘못을 인정하는 것도, 사과하는 것도 어려운 이유는 그 안에 포함된 패배라는 속성 때문일지도 모릅니다. 조금 다르게 접근해서 '지면 어때?'라고 생각한다면 어려울 이유도 없겠죠. 미움 받기 싫고 특별하고 싶은 것도 조금의 용기만 있으면 쉽다는 이야기를 하는 것 같습니다. '평범한 것도 미움 받는 것도 사실 내 과제가 아니고, 평범하면 어떻고 미움 받으면 어때?'라고 한다면, 그런 것들은 내 삶에서 그다지 중요한 것이 아니라고 스스로 결정한다면 말이죠. 결국 용기는 이 부분에서 필요한 것 같습니다. 다들(혹은 사회가) 중요하다고 하는 것을 내가 스스로 아니라고 판단해야 하는 그 대목에서요. '어차피 세상에 불변의 진리란 없는 것이고', '우리의 삶은 우리가 가진 신념과 가치관을 증명하기 위해 주어진 시간이니까요.'

북퍼실 : 지금까지는 긍정적인 관점에서 의견을 교류했는데요. 이제 다소 부족한 부분, 부정적인 관점에서 이야기 나누어 볼까요?

Minus (부정적 의견)

A회원 : 청년의 태도가 쉽게 납득이 되지 않습니다. 독자들의 이해를 돕기 위해서 플라톤의 대화편 형식을 빌려왔겠지만 청년의 발언들이 철학자의 논거를 도와주기 위해 설정되었다는 점이 너무 쉽게 드러나더군요. 읽는 내내 약간의 불편함이 있었습니다. 저의 청년에 대한 이해가 부족했던 탓이었을까요?

청년이 조금 더 치열하고 진지하게 토론해 주었으면 했는데, 쉽게 인정하고 쉽게 납득해버리면서 오히려 제가 납득하기 어렵지 않았나 싶기도 합니다. 철학자의 말에는 공감하지만, 청년의 태도가 불편했다고 할 수 있겠네요.

B회원 : A회원의 의견에 저도 동의합니다. 청년은 의문과 반론을 제기하다가도 금세 인정하는 모드로 변하더군요. 철학자는 '아들러 심리학'의 주요 항목을 나열하고 설명해 가며 잠깐 반론을 제기하다가도 금세 철학자의 생각에 동화해 버리는 '설정' 같았어요. 마치 끼워 맞춰가면서 책을 썼다는 생각을 지울 수가 없더군요. 더욱이 자기주장을 굽히지 않는 학자의 현실성 없는 대화 내용이 몰입을 방해했다고 생각합니다.

C회원 : 같은 책을 읽어도 다른 느낌을 받는 모양입니다. 전 다르게 느꼈습니다. 청년은 제 마음을 잘 대변해 주던데요. 또한 철학자는 청년의 의문에 차근차근 설명을 해주며 설득해 나간다고 생각했어요. 쉽게 인정하고 납득해 버린다기보다는 청년과 철학자는 각자의 입장에 의미 있는 상반된 대화로, 오히려 독자의 '몰입'을 잘 유도했다고 생각합니다.

북퍼실 : 예, 독서 토론을 하다 보면, 대상은 같으나 관점과 해석이 서로 다른 것을 볼 수 있어요. 사람들마다 다양한 관점은 분명히 존재합니다. A회원과 B회원의 시각과 C회원의 시각은 다소 상반되어 있군요. 다른 회원들 중 추가적으로 의견을 내실 분은 없으신지요?

D회원 : 앞서 긍정적인 부분을 의견을 나눌 때, 자신과 타인의 과제를 분리하는 부분에 대해서 좋은 의견을 주셨는데요. 저는 타인과 과제를 분리하는 것이 수긍은 가지만, 현실적으로 어려움은 분명 따르겠다는 생각이 듭니다. 회사는 직장동료와 공동의 목표로 공동의 결과를 추구하며 일을 하는 경우가 대부분이죠. 나와 타인의 일을 명확히 구분하기 어려운 경우가 많습니

다. 남의 일이지만 공동의 목표 때문에 내가 어쩔 수 없이 해야 하는 경우도 있죠. 이런 경우 타인의 과제와 내 과제를 명확히 구분하기는 현실적으로 참 힘들어요.

C회원 : 저도 D회원의 관점에 동의해요. 가정에서도 과제 분리가 어려운 것은 매한가지입니다. 철학자가 청년에게 '아이와 부모의 관계'를 예로 들면서, 타인과의 과제를 분리하고 개입하지 말라는 말이 나오는데요. 철학자는 애들을 키워본 학부모 경험이 없을 거예요. 철학자는 분명 철학자일 거예요. (웃음)

솔직히 아이들에게 하고 싶은 대로 내버려 두고 개입하지 않는다면, 아마도 제 아들은 게임에만 빠져 살고 있을 테니까요. 만약 게임중독에서 헤어나지 못한다면 과연 부모로서의 역할을 다한 것일까요? 철학자가 살았던 시대와 지금의 시대는 많이 다릅니다. 따라서 '완벽한 과제의 분리'가 아니라, '조건부 과제'의 분리가 필요하겠다는 생각이 들더군요.

B회원 : 저는 이해가 안 되는 부분이 하나 있는데요. "칭찬도 하지 말고 야단도 말라"는 말이 나옵니다. 이해할 수 없는 대목이더군요. 칭찬은 동기부여를 할 수 있는 효과적인 방법이라고 생각해요. 물론, 책에서 언급되어 있는 것처럼 상대방을 조정하기 위한 칭찬은 분명히 나쁩니다. 하지만 '결과에 대한 칭찬'이 아닌 '과정과 노력에 대한 칭찬'은 좋은 방법이라고 생각합니다.

EBS 교육대기획 '학교란 무엇인가'라는 방송에서 '칭찬의 역효과' 편을 본 기억이 나는데요. 방송에서 인터뷰를 했던 스탠포드 대학의 심리학과 캐롤 드웩 교수는 "노력을 강조하면 아이들은 자신의 힘으로 성공을 이룰 수 있을 것이라고 생각합니다. 하지만 지적 능력에 대해서 칭찬하면 자신이 어쩔 수 없는 부분이라고 생각하기 때문에 칭찬은 오히려 역효과를 가져 오는 경우도 있습니다."라고 이야기한 적이 있어요. 이는 노력하는 과정에 대한 칭찬은 분명 긍정적인 효과가 있다는 말이거든요. 여러분들도 살아오면서 칭찬을 통해 동기부여를 받고 더욱 성장한 경험이 많지 않으신가요? 따라서 철학자의 말 중에 "칭찬도 하지 말고 야단도 치지 말라"는 말에는 동의하기가 어렵더군요.

A회원 : 공헌감에 대한 이야기가 나오면서 개연성이 부족해진 것 같습니다. 일반적인 자기계발서였다면 큰 주제를 넘기는 것만으로 충분했을 텐데, 청년과 철학자의 대화로 이야기가 흘러가고 있으니, 다음 대화가 진전되는 맥락이 조금 더 치밀했거나 개연성이 필요했던 게 아닌가 싶습니다. '나'에 대한 부분에서 '공동체'에 대한 공헌감으로 넘어가는데, 다리가 없어서 헤엄쳐 건넌 기분이 들었습니다.

D회원 : 저도 공감합니다. 책 말미에 느닷없이 행복은 공헌감에서 나온다고 주장을 해서 생뚱맞기도 하고 공감이 안 되더군요. '행복에 대한 정의를 충분히 설명하고 주석으로 독자를 이해시키면 좋았을 텐데'라고 생각했어요. 또한 공헌감 부분은 잘 와 닿지 않은 부분이 아쉽습니다.

B회원 : 저는 마지막 부분의 연결성에 대해서는 분명히 부족해 보이기는 하나, 행복은 공헌감, 즉, 내가 사회에 '공헌을 하고 있구나' 하는 공헌감에서 행복이 온다는 말에는 충분히 공감합니다. 우리가 책을 읽다가 공감되는 부분, 인상 깊은 부분을 서로 다르게 만나게 되는 것은 과거의 '유사 경험의 유무', '개인의 가치관', '신념'에 따라 많이 달라진다고 생각합니다.

저는 행복한 책에서 주최하는 교육봉사를 매번 나가곤 했는데요. 처음에는 직장생활하기도 바쁜데, 주말에 따로 시간을 내어 봉사활동을 가는 것이 솔직히 이해가 되지 않았어요. 하지만 외연 초등학교 학생들, 그리고 방문했던 공부방 어린이들이 우리의 방문을 환영해 주고 감사하는 모습을 보며 오히려 제가 행복했어요. 이때 '사회에 공헌하고 있구나'라는 공헌감이 곧 행복이라는 말을 실감했었죠. 이런 경험 때문에 책의 마지막 부분을 더욱 공감했는지도 모르겠습니다.

Insight (통찰)

북퍼실 : 이제 마지막으로 책을 통해 느꼈던 교훈, 통찰을 나누는 시간을 가져 보도록 하죠.

A회원 : "경험에 의해 결정되는 것이 아니라, 경험에 부여한 의미에 따라 자신을 결정하는 것이다."라는 말이 가슴에 남습니다. 과거의 '경험 그 자체'보다는 '경험에 부여한 의미'가 더욱 중요하다는 말이겠지요. 현재와 앞으로의 미래를 위해, 내가 이제까지 경험한 것에 좋은 의미를 부여해야겠어요.

B회원 : 인정 욕구에 나 자신을 풀어 주자. 나 자신에게 '자유'를 선물하자! 그리고 이타적인 마음은 결국 나 자신을 위한 것이라는 통찰을 얻었습니다.

C회원: "타인과 내 과제를 구분해서 개입하지 말자."라는 책의 내용을 그대로 받아들이지는 못하겠지만, "상황과 조건에 따라 타인과 내 과제를 구분해 보자."라는 교훈을 받았어요.

D회원 : 잘못을 인정할 용기, 평범해질 용기, 미움 받을 용기, 행복해질 용기, 모든 것은 용기의 문제다. 내 삶에 용기를 내어 보자는 생각을 하게 됩니다.

Wrap-Up (마무리)

북퍼실 : 오늘 '미움 받을 용기'에 대한 독서 토론을 진행했습니다. 전반적으로 목적론적 발상으로 경험에 의미를 부여하는 것, 인정 욕구로부터 나 자신에게 자유를 주는 것, 타인과의 과제를 구분해 보는 것, 잘못을 인정하고 평범해지는 것에 대해 긍정적인 의견을 주셨고요. 반면에 철학자와 청년이 설정 대화식으로 일관되게 전개하는 것 같다는 부정적인 의견과 더불어, 오히려 대화체가 몰입을 유도했다는 반론도 만만치 않았습니다. 또한 전체의 흐름에서 공동체 감각으로 넘어가는 부분이 앞부분과 연결고리가 부족했다는 의견과 '칭찬하지 말고 야단치지 말라'라는 부분은 부정적인 견해가 있었습니다.

　앞에서 언급하신 통찰과 교훈을 통해 직장과 삶의 균형을 잘 유지하시길 바라겠고요. 다음 독서 토론에 또 뵙도록 하겠습니다. 이것으로 오늘 독서 토론을 마치겠습니다. 감사합니다.

체크아웃 (Check-out)

A회원 : 평소 가지고 있는 생각을 표출하고 회원들이 경청해 주시니 기분이 좋네요.

B회원 : 이번 주 독서 토론은 유익했습니다. 매번 느끼는 것이지만 생각의 차이를 느낄 수 있어서 좋았습니다.

E회원 : '미움 받을 용기'에 대해서 다양한 해석을 얻을 수 있었습니다. 오늘은 참관만 했는데요, 책을 꼭 사서 읽어 봐야겠다는 생각이 드네요.

"내가 인생을 안 것은
사람과 접촉했기 때문이 아니라
책과 접촉했기 때문이다."

- 프랑스의 소설가 아나톨 프랑스 -

Reading 6

생각 독서, 인생의 의미를 찾다

모든 것이 단절된 밤을 만나면 인간은 초라해진다. 이런 시련을 통해 우리는 빈 공간을 알게 된다. 완벽한 것도 영원한 것도 없다. 앞으로 나아가는 과정만이 영원한 것이다. 이는 인간이 겸손하게 끊임없이 전진해야 하는 이유이기도 하다.

삶은 언제나 우리에게 힘든 위기를 겪게 하고 나서야
자신의 가장 빛나는 모습을 드러낸다.

-브라질의 소설가 파울로 코엘료-

삼성 CEO의 책답 1
'인생의 갈림길에서
어떤 선택을 할 것인가'

삼성의 경영진들은 일찌감치 인문학의 중요성을 인식해 왔으며, 시대의 흐름을 파악하고 올바른 선택을 하기 위해 책을 많이 읽는다. 현재 삼성카드 사장으로 계신 원기찬 부사장님은 특히 직원들에게 독서의 중요성에 대해 강조해 왔다.

다음은 '삼성앤유'에 실렸던 원기찬 사장님의 글을 발췌한 것이다.

"새로운 지식을 수혈하지 않으면 넓은 세상을 배우는 데 한계가 있어요. 그래서 독서가 필요합니다."

제가 독서에 관심을 갖게 된 것은 대학교 1학년 당시 법정 스님의 '서 있는 사람들'을 만나면서부터입니다. 무심코 흘려버리기 쉬운 소소한 것들에 대한 법정 스님의 색다른 시선이 절제되고 간결한 문장에 녹아 있었는데요. 이 신선한 느낌에 충격을 받은 저는 책이 인생의 많은 부분을 차지할 수 있음을 깨달았습니다.

이후 저는 곧 제 인생의 책을 만나게 되었습니다. 그 책은 일본 여류 작가 '야마사키 도요코'의 '불모지대'입니다. '불모지대'는 제2차 세계대전 이후 일본의 성장을 견인했던 종합 상사들의 성공과 활약을 주인공 이키 다다시의 치열한 스토리를 통해 흥미진진하게 보여주는 대하소설입니다.

이 책은 제 인생의 갈림길에서 선택한 막연한 길에 대한 확신을 준 책입니다.

저도 주인공처럼 종합상사에 입사해 한국의 경제 성장에 기여해야겠다는 생각이 있었는데, 이 책을 읽고 확신을 갖게 되었습니다.

저는 삼성물산에서 수출 업무를 맡길 바랐지만, 뜻밖에도 삼성전자 발령을 받게 되었고, '이 길이 내 길일까' 하는 고민을 했습니다. 하지만 제가 원했던 수출 업무는 삼성전자에서도 필요한 일이었고, 그 중심에 서면 되는 것이었습니다.

저는 한 권의 책으로 인생의 전환점을 맞이했고, 독서에 더욱 열중했습니다. 임원이 된 후 리더로서의 관점과 통찰력을 기르는 힘이 되어준 것도 다름 아닌 책이었는데요. 저는 매일 아침 3개의 일간지와 2개의 경제지를 읽습니다.

신문의 글은 간결하면서도 주제가 명확하며, 하나의 상황을 여러 각도의 시선으로 바라보는 힘, 한쪽에 치우지지 않는 균형 감각과 판단력을 길러줍니다. 때문에 요즘 종이 신문을 보는 젊은 친구들이 적다는 사실이 매우 안타깝습니다.

인터넷의 발달은 어떤 면에선 젊은이들을 수동적으로 만들어 판단력을 흐리게 할 수 있다는 사실이 우려되는데요. 수동적인 독서는 아무 의미가 없으며, 독서는 적극적으로 해야 합니다. 어떤 일이든 열정과 긍정의 힘을 더하면 생산성이 달라집니다. 독서도 마찬가지죠. 마지못해 읽는 사람은 적극적으로 책을 읽는 사람의 소화력을 절대 따라갈 수 없어요. 일할 때도 똑같습니다.

긍정적인 사고와 열정을 갖고 일하다 보면 주인의식은 절로 생기기 마련이거든요. 그런 자세와 생각이 바로 성공의 요인이 되는 겁니다.

우리는 한 치 앞도 내다볼 수 없는 예측 불가의 시대를 살고 있습니다. 때문에 좋은 책을 많이 읽어야 합니다. 독서로 탄탄히 닦아놓은 기본 소양은 남이 보지 못하는 것을 볼 수 있게 하고, 문제에 봉착했을 때 남이 찾지 못하는 해결책을 찾을 수 있게 해줍니다.

가보지 않은 길은 누구에게나 어둡고 두렵기 마련입니다. 하지만 믿고 의지할 무언가가 있다면 훨씬 수월하게 그 길을 걸을 수 있습니다. 저는 자신 있게 책이 어둠을 밝혀주는 든든한 길잡이라고 말할 수 있습니다. 숱한 갈림길과 고민 속에서도 자신의 길을 당당히 걸어가고 싶다면 반드시 양서를 많이 읽으십시오.

원기찬 사장이 추천하는 책

회복탄력성/김주환, 보스의 탄생/린다 A. 힐 켄트 라인백, 인문의 숲에서 경영을 만나다/
정진홍, 모든 비즈니스는 브랜딩이다/홍성태, 한글의 탄생/노마 히데키, 고지도의 비밀/류강

한가지를 이해하는 사람은 어떤 것이라도 이해한다.
만물에는 똑같은 법칙이 들어 있기 때문이다.

-프랑스의 조각가 오귀스트 로댕-

삼성 CEO의 책답 2
'독서로 정신의 허기를 채워라'

사람과의 만남은 매우 다양하다. 소개팅을 통해 연인으로 발전되는 만남이 있는가 하면, 학연, 지연을 통해 끈끈한 인맥으로 뭉친 만남도 있다. 또한 SNS 채팅이나 인터넷 카페 모임을 통한 디지털로 이어진 만남도 있다.

K전무님과는 '아침의 단상'이라는 글을 통해서 처음 만났다. 주옥같은 글이 있으니 한번 읽어 보라는 회사 동료의 권유가 단초가 되었는데, '아침의 단상'이라는 글을 찬찬히 읽다 보니, 임원들의 다양한 생각과 성찰을 알 수 있었다. 글을 읽다 보니 남다른 열정에 동기부여가 되었고, 회사에서 해결한 문제에 대해 본인의 진솔한 생각을 임직원들에게 공유해 준다는 생각이 들었다.

그리고 무엇보다 임원들이 회사 업무와 관련해서 스스로에게 던지는 질문과 다양한 생각을 엿볼 수 있어서 좋았다. 사실, 조직이 크다 보니 일반 직원이 임원과 직접적으로 이야기를 나누며 소통하는 시간이 그리 많지 않다. 그래서 K전무님의 다섯 끼를 매일 먹자는 이야기는 선명하게 기억 속에 남아 있다.

K전무님이 말하는 다섯 끼는 아침, 점심, 저녁 식사 외에 '독서'와 '운동'을 추가한 것으로, 잠시 K전무님의 생각을 들여다보는 시간을 가져보자.

하얀 눈발이 빨간 단풍과 어울러져 긴 계절의 절묘함이 아침 TV뉴스로부터 시작된 11월의 월요일 아침입니다. 이제 조금만 있으면 겨울이 오겠지요. 올해는 부디 계절은 춥더라도 마음만은 따뜻했으면 하는 바람입니다.

오늘은 우리의 하루하루를 지탱해 주는 식사에 대한 이야기를 하고자 합니다. 우리의 신체는 삶을 유지하기 위해서 매일매일 음식물을 필요로 합니다. 특히 아침, 점심, 저녁의 식사는 우리의 생활이기도 합니다. 이러한 세끼의 식사 중 저는 한 끼만 먹지 않아도 머리가 빙빙 돌 정도로 허기를 느끼곤 합니다. 이렇게 사람이 허기를 느끼는 것은 사실상 뇌의 작용에 의한 것이라고 의학에서는 이야기합니다. 즉 매일 위가 담아야 하는 용량이 있는데 이를 매 끼니 때마다 채우지 못하면, 인간의 뇌는 이에 대한 경고 신호로 몸 전체에 공급되는 에너지를 제어함으로써 힘이 빠지고 머리를 빙빙 돌게 하여 위에 음식물을 채우도록 신호를 보낸다고 합니다. 그러기에 다이어트를 하려면 세끼를 먹되 양을 5일간만 줄여서 위가 담아야 하는 용량에 대한 뇌의 Program이 변하도록 식사량을 줄여야 합니다. 즉 5일간 적게 먹더라도 배가 고픈 것을 참으면, 그 다음은 식사량이 자동적으로 줄어든다는 이론이랍니다. 여러분도 관심 있으면 한번 찾아보기 바랍니다.

이와 같이 우리의 눈에 보이는 신체는 허기를 느끼는데, 과연 정신은 어떨까요? 우리의 정신도 신체와 다를 바가 없는데 정신적 허기를 느낄 수 있지 않을까요? 그래서 저는 매일 다섯 끼를 먹기 위해서 노력한답니다. 그 다섯 끼는 아침, 점심, 저녁 식사 외에 독서와 운동을 포함하는 것입니다. 식사를 하듯이 독서와 운동 역시 밥 먹듯이 매일 하거나, 그것이 어렵다면 주중에 반드시 어느 정도는 먹어야 한다고 생각하고 있답니다.

가끔 사람들이 제가 임원이 되고 난 후 저에게 임원이 되려면 어떻게 해야 하는지 물어보곤 합니다. 특히 직장생활을 하는 분들이 많이 물어보는데, 이때 저는 임원이 되고 안 되고의 문제보다는 하루 다섯 끼를 먹기 위해 노력하느냐, 안 하느냐가 우리의 미래를 결정한다고 이야기하곤 합니다.

매일매일의 음식과 운동을 통해 우리의 신체가 유지되고 또 성장하듯이, 매일매일의 독서를 통해서 우리의 정신 또한 유지되고 성장하게 되며, 그 정신의 성장이 바로 우리의 미래라는 이야기입니다.

일반적으로 매일매일 책을 읽기는 매우 힘들다고들 합니다. 그러나 정상적인 사람이 매일매일 밥 먹기가 힘들다고 하는 것을 혹시 본 적이 있는지요? 이와 같이 책을 읽는 것이 매일의 끼니라면 이야기가 달라지는 것입니다. 흔히들 시간이 없어서 혹은 여유가 없어서 책을 못 읽는다고 말합니다. 그러나 시간이 없어서 점심 혹은 저녁밥을 못 먹는다는 이야기는 별로 들어본 적이 없는 것 같습니다. 책은 시간이 남으면 읽는 것이 아니라, 시간을 내서 읽어야 한다는 것이 바로 제 이야기의 핵심입니다. 그러기 위해서는 책을 읽지 않으면 입 안에 가시가 생기고 정신에 허기가 질 정도까지 초기에 책을 읽는 습관을 들여야 합니다. 책 읽는 습관이 생기면, 책을 하루라도 읽지 않을 때 갑자기 머리가 빙빙 돌고 마음이 불안하고 또 일이 손에 잡히지 않는 현상이 발생할 것입니다. 저는 이것을 정신의 허기라고 표현하고 싶습니다. 이렇게 독서를 습관화하면, 생각하는 습관이 생기고, 그 생각을 통해서 하루하루 최선을 다해서 살 수 있는 에너지가 확보된다고 저는 믿고 있습니다.

그렇게 하루하루 조금씩의 최선이 확보되고, 이러한 최선이 모이는 어느 순간 우리는 새로운 차원에 서게 될 것입니다. 저는 이것을 '성실'이라는 단어로 표현하고 싶습니다. 성실이란 그저 현재 일을 생각 없이 묵묵히 하는 것이 아니라, 매일매일 현재의 일에 차이를 보이기 위해 생각하며 실천하는 것입니다. 이러한 성실성을 갖출 때 우리는 어느 순간 새로운 차원에 있을 것이라고 확신합니다.

가진 것을 알면 버릴 것이 보인다.

-미국의 조직관리 전문가 줄리 모건스턴-

삼성 CEO의 책답 3
'책을 읽고 사색하는 사람은 100% 성공한다'

"따르릉!!"
부회장이자 총무인 J로부터 전화가 왔다.
"사내 게시판 보셨어요? A전무님께서 부사장님으로 승진하셨어요."
행복한 책 독서 동호회의 고문이자 후원자이신 A전무님이 부사장으로 승진하셨다는 소식에 마치 내가 승진이라도 한 것처럼 뛸 듯이 기뻤다.
A전무님을 떠올리자 머리에 번뜩이는 섬광이 일듯이 떠오르는 책이 있었다. 바로 리즈 와이즈먼/그렉 맥커운의 '멀티플라이어'다. 나는 A전무님께 이 책을 선물하기로 했다.

멀티플라이어란 상대의 능력을 최대로 끌어올려 팀과 조직의 생산성을 높이는 리더를 뜻한다. 이들은 함께하는 사람들의 능력을 2배로 끌어올려

자원의 추가 투입 없이도 생산성을 2배 이상 높일 수 있다고 한다.

A부사장님의 리더십을 접할 때면 진정한 '멀티플라이어'라는 생각이 든다. 중요한 핵심 사항에 대해서는 부서원 전체와 한자리에 모여 토론으로 결론을 내는가 하면, 개별적인 자리에서는 직장에서 일하는 태도와 자세, 개인이 성장하는 목표에 대해서 허심탄회하게 이야기를 나누며, 개인의 역량을 향상시키는 방법과 동기부여를 해 주시는 분이기 때문이다.

A부사장님은 핵심 역량을 쌓아서 지금의 조직보다 더 큰 상위 부서에서 전략과 기획 업무를 추진해 보라는 말까지 아끼지 않으셨는데, 본인이 지휘하는 부서를 벗어나 더 큰 곳에서 역량을 발휘해 보라는 말은 결코 쉬운 말이 아니다.

나는 책 안쪽에 포스트잇으로 진급에 대한 축하와 감사 인사를 적어 선물을 드렸다. 곧 A부사장님으로부터 메신저를 받았는데, 참 좋은 책이라는 메시지와 함께 점심으로 국밥 한 그릇을 사 주시겠다고 한다. 책 한권을 선물했을 뿐인데, 바쁘신 부사장님께서 국밥을 사주신다고 해서 기분이 매우 좋았다.

이동 중인 차 안에서 A부사장님은 '성공하는 사람은 꼭 책을 읽는다. 그런데 책을 읽는다고 꼭 성공할까?'라는 화두를 내게 던지셨다.

내 표정을 살피던 부사장님은 덧붙여 말했다. "예전에는 책을 많이 읽는 사람은 50% 정도 성공한다고 생각했지. 하지만 지금은 책을 읽고 사색하는 사람은 100% 성공한다고 믿는다네."

　책을 통해 자기계발에 대한 생각을 갖고 꾸준히 실천하면 그에 대한 보상이 분명이 있다는 말씀이었다.
　부사장님은 이어 지난번 북토크에서 많은 사람들의 생각을 들을 수 있어서 좋았다며, 특히 생각을 많이 하는 사람들의 대화라는 말을 덧붙이셨는데, 나는 니콜라스 카의 '생각하지 않는 사람들'을 떠올렸다.
　부사장님은 "요즘 사람들은 검색에는 능하지만, 사색에는 능하지 못하다는 생각이 들더군. 또한 고민과 문제를 접할 때나 지식을 얻으려고 할 때 인터넷의 힘을 빌어 검색을 우선시하고 있지만, 사실 혼자 고민하는 생각의 힘, 사색하는 힘, 사고를 하는 힘이 더 필요하지."라는 말씀과 함께 생각의 시간을 많이 가지려면 책 읽는 시간을 늘리고 책을 읽는 나만의 공간인 '서재'가 있어야 한다고 말씀하셨다.

독서와 직장인의 자세와 관련해서 A부사장님께서 말씀하신 내용들을 요약해 보면 다음과 같다.

1. 일을 할 때 적극성을 가져야 하는 것처럼, 목소리를 키워야 할 때도 적극적으로 키워야 한다. 목소리는 물리적인 목소리뿐만 아니라, 논리적인 목소리, 즉 자기 생각과 주장을 전개해 나가는 것이 업무에 있어서 매우 중요하다. 회의를 주관할 때, 기술 세미나를 진행할 때는 목소리가 큰 사람이 적극성이 있어 보이고, 자기 생각이 있어 보인다. 자기만의 생각과 주장은 꾸준한 독서를 통해 얻을 수 있다.

2. 어떤 사안을 기록 할 때는 5W 1H(Why/What/Where/When/Who/How) 개념으로 사실을 기록하고, 이것에 대한 본인의 생각을 적는 방식이 필요하다. 기록의 양은 A4 반 페이지 분량 정도로 2일에 한 번씩 기록하고, 생각날 때마다 수시로 기록한다. 아침이나 저녁에 몰아서 기록하는 것은 시간에 제약사항이 많기 때문에 생각날 때마다 꾸준히 기록하는 것이 중요하다.

3. 프레젠테이션을 할 때는 통합적인 지식 전달이 필요하다. 발표를 할 때는 숫자의 기억을 명확히 해야 하고, 처음 발표에서의 서두는 숫자 관점에서 이성적인 좌뇌에 호소하는 것이 필요하고, 마지막 결론은 우뇌에 기반하여 감성에 호소하는 발표 전략이 중요하다.

A부사장님은 제레미 리프킨의 '공감의 시대'를 선정해서 읽고 계신다는 말씀과 함께 연말에는 항상 개인적으로 생각하는 Top 10을 꼽고 기록한다

고 하셨다. 개인적으로나 사회적으로 기억할 만한 내용을 회고하고 기록한다는 말씀이다. 이어 책을 읽고 난 후의 기록에 대한 중요성도 강조하셨는데, 책에 대한 기록은 물론, 그에 따른 생각도 기록하신다고 한다.

A부사장님은 40여 년간 기록을 해왔으며, 과거에는 아날로그 방식으로 노트에 적어 기록을 했지만, 현재는 컴퓨터를 활용해서 기록한 내용을 폴더에 차곡차곡 정리하신다고 한다. 그리고 중요한 의사 결정을 할 때면 기록된 내용을 다시 꺼내들고 객관적으로 자신을 들여다보며, 그것이 나와 우리 부서를 위한 것인지, 조직 전체를 위한 것인지 판단 기준으로 삼는다고 한다.

A부사장님의 말씀을 통해 기록과 메모의 중요성을 다시 한 번 느끼게 된다. 기록은 기억을 보완하는 중요한 수단으로, 생각의 오류를 짚어내는 가장 정확한 도구라는 점에서 독서 기록이 시사하는 바가 크다.

삼성인의 생각 독서 1
'행복을 찾아 떠나는 인생 여행'

생텍쥐페리의 '야간비행'을 읽고 _강태운

밤이 깊다. 열 살 민이가 밤앓이 중이다. 민이는 안방에서 자기 방까지 연결된 복도의 짧은 어둠이 무서워 언제나 일곱 살 빈이 손을 잡고 간다. 일곱 살 빈이와 다섯 살 원이는 어둠보다는 엄마 아빠가 옆에 보이지 않은 것에 민감하다. 어둠은 불편할 뿐 무서운 건 아니다. 복도의 조명 스위치를 끄고 가는 빈이 모습이 씩씩하다. 낮은 낮이고 밤은 밤이다. 맏이 민이는 어둠 뒤에 보이지 않는 무엇인가를 알아가는 중이다. 이겨내겠지 싶어 모른 척한다.

생텍쥐페리의 '야간비행'에서 흑인은 아이에게 단지 피부색이 자기와 다른 사람으로 인식된다. 하지만 엄마 아빠가 흑인을 불편해 하고 무서워하면 아이에게도 흑인은 무서운 사람이 된다. 이렇게 시작된 비극은 점차 자리를 잡고 개인적인 일(고정된 관념)이 되어 간다.

오십을 넘긴 우편 항공노선 책임자 리비에르는 야간비행이라는 암흑의 영역을 개척하고 있다. 그는 상업적인 항공산업이 앞으로 밤낮을 가리지 않을 것이고, 누군가는 이 피할 수 없는 과제의 해결책을 준비해야 한다는 생각을 가지고 있다. 그가 가진 '신념'은 전쟁터에서 돌격대장의 창이다.

야간 비행에는 고통이 따른다. 생과 사의 문제가 된다. 하지만 삶은 고통 없이 풍요로워지지 않는다. 사랑한다는 것도 오직 사랑하기만 하는 것은 막다른 골목에 서 있는 것과 마찬가지다. 원망과 미움도 알고 보면 사랑의 다른 표현 아니던가. 밤은 암흑이라는 미지의 영역이다. 하지만 야간비행을 숙명으로 여기는 리비에르에게 밤은 모든 것을 어둠에 묻는, 감추는 존재가 아니다. 보여주는 존재다. 사람을 보여주고 아우성을, 빛을, 근심을 보여준다.

물론 밤은 쉽게 보여주는 존재가 되지 않는다. 어둠 앞에 망설이는 자에게 밤은 여전히 미지의 영역이다. 두려움을 이겨내고 어둠의 복도를 건너는 것은 손가락으로 달을 가리킨다고 되지 않는다. 다시 굴러 떨어진 돌을 보며, 묵묵히 산 아래로 내딛는 시시포스의 발걸음만이, 행동만이 가능하게 해 준다. 리비에르는 조직에 영혼을 불어넣고 의지를 부여하고자 한다. 방법은 단호함이다. 지시사항을 지키지 않으면 중징계를 내린다. 정시 출발에만 수당을 지급한다는 규칙 앞에서는 10m 앞도 볼 수 없는 안개라도 예외를 두지 않는다. 부하 직원들이 날씨를 핑계로 나태해지지 않게 하고 오히려 날씨가 개기를 소원하도록 만든다. 한 방향으로 가는 일이라면 이처럼 부당한 처사도 마다하지 않으며, 조직원들이 굴레에서 벗어나 새로운 세계를 경험하고 창조하는 과정으로 들어가게 한다. 그렇게 자신을 극복해야 밤은 온전히 보여지는 것이 된다. 동정에 젖는 순간 비극은 소리 없이 다가온다. 리비에르는 많은 시련을 통해 소리 없이 다가오는 비극을 꿰뚫어 보는 눈을 얻었다. 동료를 위험에서 구하고 일을 지속할 수 있는 좋은 방패다.

하지만 어떤 밤은 대책이 없다. 태풍으로 모든 것이 단절된 밤을 만나면 인간은 초라해진다. 이런 시련을 통해 우리는 빈 공간을 알게 된다. 완벽한 것도 영원한 것도 없다. 앞으로 나아가는 과정만이 영원한 것이다. 이는 인간이 겸손하게 끊임없이 전진해야 하는 이유이기도 하다.

삼성인의 생각 독서 2
'고전을 통해 나를 깨닫다'

조한별의 '세인트존스의 고전 100권 공부법'를 읽고 _김중형

'세인트존스의 고전 100권 공부법'의 작가인 조한별은 초등학교, 중학교 때 학교를 휴학하고 가족과 세계 50여 개국을 여행하였다. 이 책은 검정고시로 중학교를 마치고, 제주외고에 입학 후 세인트존스 대학교로 진학한 조금은 남다른 이력을 가진 작가의 배움 이야기다.

세인트존스 대학에 없는 네 가지는 교수, 강의, 전공, 시험이다. 대신 조니들은 커리큘럼에 정해진 고전을 읽고 튜터와 함께 질문하고 토론하며 스스로 배움을 얻는다.

'사람은 왜 하늘을 날지 못할까?' 하는 의문을 가지고 스스로 날 수 있는 능력을 찾으려 했다면 지금도 비행기는 없었을지 모른다. 하지만 인간은 스스로 날지 못한다는 사실을 받아들였고, 그 한계를 시작점에 놓았다. '그럼 어떻게 해야 날 수 있을까?' 한계를 인정하고 나면 가능성이 보이기 시작한다. 가능성을 통해 배움을 얻을 수 있다. 내가 내 한계를 받아들이니 마음이 편해지고 오히려 배움이 시작되었다.

― 조한별의 '세인트존스의 고전 100권 공부법' P241 중에서

최근 들어 동일한 의견의 책을 자주 접했다. 나의 무지, 나의 한계를 깨닫는 것이 배움의 시작이고 발전의 시작이라는 요지다. 이러한 배움을 가정에 적용해 보았다. 사실 더 좋은 방법이 생각나지 않아서이기도 하다. 도저히 아이들을 어떻게 키우는 것이 좋은 것인지 모를 경우가 자주 발생한다. 원칙을 고수해야 할지, 융통성을 발휘해야 할지 또는 다정해야 할지, 엄격해야 할지 혼란스럽다. 그래서 나의 한계를 인정하기로 했다.

"아들아! 아빠도 '아빠' 일이 처음이어서 잘 모르겠다. 네가 이해해라. 그리고 좀 도와주라."

요즘 요게 먹히기도 한다.

글쓰기는 내 고유의 생각을 탄생시키는 출산의 과정이다. 고전을 읽고 여러 의견을 듣는 것이 '정보 습득의 과정'이고, 내 의견을 말하는 것이 '정보 공유의 과정'이라고 한다면, 쓰기는 '정리의 과정'이기 때문이다.

― 조한별의 '세인트존스의 고전 100권 공부법' P204 중에서 ―

공감되는 부분이다. 세인트존스 대학처럼 치열한 토론은 없지만, '책고집' 학생들 각자의 생각을 정리해서 읽는 것만으로도 충분히 나와 다른 생각과 관점을 접하게 되어 배움이 된다. 이전에는 책을 읽고, 밑줄 긋고, 옮겨 쓰기는 해도 내 생각을 정리해서 글을 써 본 적은 없었다. 그런 책 읽기의 아쉬웠던 점은 명확하게 내 생각으로 정리가 안 된다는 점이었다. 그러니 타인에게 그 책의 주제와 시사점을 전달하려고 해도 주저리주저리 읊어대는 경우가 다반사였다. 반면에 글을 쓰면서 내가 책을 통해 얻은 정보를 정리하고 내 생각을 탄생시키는 과정을 가지게 됐다. 그렇게 작가의 생각에 감응하는 나만의 생각을 가질 수 있게 되어 좋다.

작가가 위대한 고전을 읽으며 결국에 알게 된 건 새로운 지식이 아닌 자기 자신이었다. '책 고집'을 통해, 그리고 글쓰기를 통해 나를 좀 더 알아가는 시간이길 기대한다.

삼성인의 생각 독서 3
'인간과 인공지능에 대한 생각'

유발 하라리의 '사피엔스'를 읽고 _조규호

　진화론과 관련된 흔한 오해 중의 하나는 생물이 환경에 적응하기 위해 획득한 형질이 다음 세대에 유전될 수 있다는 믿음이다. 물론 고등학교 교과 과정에서 아주 잠깐 언급되는 진화론에는 이런 내용이 없다. 오히려 이를 주장하는 라마르크의 용불용설(用不用說)이 정설로 받아들여지지 않는다고 설명한다. 즉, 아놀드 슈워제네거가 하루에 10시간의 꾸준한 운동을 통해 근육질 몸매가 되었다고 해서 그 아들이 아버지처럼 근육질의 몸을 가지고 태어나지는 않는다는 것이다. 만일 아놀드의 할아버지가 평범한 몸매이고, 아놀드의 아들이 아버지처럼 근육질이라면, 아놀드에게서 근육질이라는 돌연변이 형질이 발현한 것이다(최근 후생유전학이 꾸준히 연구되고 있는 것을 보면 언젠가 다른 설명이 가능할 수도 있다).

아놀드 슈워제네거 같은 근육질 몸매의 사람들이 어찌된 이유에서인지 사회에서 가장 성공하는 부류로 성장한다면(자연선택) 이들을 선호하는 배우자들로(성선택) 인해 근육질 자손들이 많아져서 주류를 이룬다는 것이 진화론의 주된 골자가 되겠다. 진화는 아주 오랜 시간과 아주 우연한 변화라는 두 가지의 요소로 우리가 감히 상상할 수 없는 방식으로 진행되는 것이다. 유발 하라리가 '사피엔스'에서 소개하는 인간의 유래와 역사도 진화론에 맞춰 이해해 보면 아주 흥미롭다.

종(種)이 달라 생물학적으로 섞일 수가 없었던 네안데르탈인과 사피엔스의 대립 구도로 한정하자면, 두 종족간의 전쟁에서 승리할 수 있는 DNA가 아주 우연하게 사피엔스에서 발현했을 것이다. 불과 백 년 전의 역사도 고대처럼 느껴지는 현대인이 상상도 못할 시간 동안 말이다. 패권을 획득한 사피엔스에게는 내부의 투쟁이 시작되고, 조금 더 복잡한 진화의 공식이 적용된다. 수렵과 채집 걱정이 없는 풍요로운 땅에서 살고 있던 사피엔스들에게는 정치권력에 능한 개체가 진화론적으로 유리할 이유는 없다. 그러나 척박한 땅의 사피엔스들에게서는 살아남기 위해 무엇보다 훌륭한 능력이었을 것이고, 집단 내에서 힘을 가진 무리로 성장할 개연성이 높다. 이들은 자신들이 가진 힘을 이용하여 주변의 풍요롭고 순박한 사피엔스들을 정복하여 수많은 노예들을 양산하며 점점 큰 집단으로 성장했다. 어느 곳에서는 열등했을지도 모를 뜻밖의 능력이 주변 사피엔스들의 운명을 바꿔가며 커다란 사회와 문화로 통합되어 간 것이다.

진화는 생물학적뿐 아니라 사회적 관점에서도 살펴볼 수 있다. 고대 중국의 과학과 문화는 유럽보다 훨씬 더 우세하였다. 신 중심의 세계관에서 벗어나지 못했던 유럽의 중세 암흑기 동안에는 이슬람 세계에서 문화와 과학이 무르익었다. 그러나 증기기관의 발명을 통한 과학혁명과 신흥 경제 계급의 등장을 통해 형성된 자유주의사상은 유럽에서 먼저 시작되었고 아프리카와 아시아의 수많은 인종들을 열등한 민족으로 만들었다. 그런데 그 어디를 봐도 반드시 유럽에서 먼저 시작되었어야 할 필연적인 이유는 없어 보인다. 아마 우연하게 유럽 사회에서 발생한 몇 가지 특이한 사건이 지금의 유럽을 만들었을 것이다. 즉, 다시 말하면 우연히 발현한 사회과학적 형질이 진화적으로 우세했을 것이다. 그 결과로 어쩌면 강렬한 아프리카의 태양 아래서 검은 피부로 진화에 성공했을지도 모르는 고등한 사피엔스들을 노예로 부렸고, 이슬람은 자신들이 만들어낸 수많은 무형의 자신들을 스스로 이어가지 못하고 유럽에 헌납하였다. 그리고 중국을 비롯한 동아시아의 문명은 단절되어 유럽의 문명을 받아 새로 시작하였다. 또한 전 세계를 장악한 서구 유럽인들은 유럽을 세계의 중심이 되고, 이를 동경하게 만들어 심미적으로 백인들이 더 아름답고 완벽하게 보이도록 착각하게 하였다.

인간에게 자유의지가 있는지에 대해 다양한 의견들이 있다. 일부 생물학자들은 인간의 뇌에는 영혼이란 존재하지 않고 신경전달물질과 기억의 저장 공간만 있을 뿐이라고 밝혔다. 인간의 가치판단과 이를 통한 행위는 결국 자극과 반응이라는 물리 화학적 현상일 뿐이다. 이것이 사실이라면 기계는 자유의지가 없어서 인간을 지배할 수 없다는 명제의 전제에 모순이 생긴다. 인간과 기계 사이의 헤게모니는 자유의지와 상관없는 것이 된다. 이는 인간의 진화가 새로운 양상을 띨 수 있음을 내포한다. 수만 년 동안 인간은 다양한 생물학적 사회적 진화의 과정을 거쳐왔지만 최근 수백 년간 가장 급격하게 변화해 오고 있다. 증기기관 발명 이후의 전자의 발견, 상대성이론과 양자역학, 그리고 인공지능. 이 외에도 앞으로 인간이 어떻게 진화해야 하는지에 대해 상상해 볼 수 있는 여러 가지 키워드들이 있을 것이다.

삼성인의 생각 독서 4
'가족으로 산다는 것과 죽음의 서사

미야모토 테루의 '환상의 빛'을 읽고 _김동철

　미야모토 테루의 단편소설집 '환상의 빛'에는 누군가의 죽음을 소재로 한 4편의 이야기가 실려 있다.

　'환상의 빛'에서 내가 건진 키워드는 '다행', '드러남', '우연'이다. 이 책을 읽기 시작할 때 먼저 어떤 내용인지 빨리 확인하고자 낯선 단어들을 하나하나 기억하려 서둘렀다. 사람의 이름이 익혀지고, 바다 소리가 들릴 때 즈음, 왠지 모를 음산함이 스멀스멀 올라온다. 그리 오래 걸리지 않아 잘 짜 맞춰진 블록처럼 불안의 그림자는 선명한 파도가 되어 급격히 불안한 곳을 향해 굽이친다. 밤, 바다, 울음, 자살. 더 불안했던 것은 자살이 이해된다는 거다. 남편의 마음을 이해할 것만 같았던, 그래서 그 남편의 길을 따라가야 할 것 같았던 한 여인네의 발자국은 섬뜩함의 벼랑 앞에서 멈춰 섰다. 다행이다. 그곳까지 함께 따라왔던 새로운 남편의 자상함이었을까? 여인의 작은 반려자가 되어준 피붙이의 존재 때문이었을까? 무엇이 그녀를 멈춰 서게 했는지는 모르지만, 그 끝 길에서 돌아섰던 그녀의 안도감이 나의 안도감이 되었다. 진짜 다행이다.

살다 보면 누구나 감추고 싶은 이야기가 한두 가지씩 있다. 얼마나 부끄러운지, 두려운지, 그것이 나의 이야기인 것을 부정하고 싶은 열망은 어느 누군가의 비슷한 이야기들이 들려지기까지는 사그러들지 않는다. "그래도 이전보다는 더 행복해요."라는 표현이 아까울 만큼 칙칙한 냄새가 나는 신혼집, 사팔눈, 자전거 도둑에게 할 수 있는 보복이라고는 스스로가 도둑이 되는 것밖에 없었던 남편의 초라함. 그 초라함마저 포기해 버린 남편. 가족을 책임지지는 못하더라도 자신이 선택한 그 이유라도 남겼어야 했던 그. 무엇이 그를 그렇게 가도록 만들었을까? 행복함의 이유라는 궁색함마저 가질 수 없는 사치로 만들어 버린 남편의 선택은 어디에서부터 왔을까? 그녀는 자신의 이야기가 세상에 드러날 것을 알고 있었을까? 불쌍해 보이는 것을 넘어 비참해진 자신의 속내가 이렇게 드러나 버린 것을 그녀는 알고 있었을까?

예고된 행복이었을까. 우연찮게 찾아온 낯선 사람과의 만남이 이전 삶의 고통의 끈을 한꺼번에 끊어버린 새로운 문이 되었다. 새로이 온 사람도 그들을 맞은 사람도 모두가 언제 다시 깨질지 모르는 살얼음 같은 상처들, 약함을 조심스레 건너야 했을 텐데. 많은 것에 변화가 생겼다. 사랑스럽고 따스하게 기다려 주는 남편이 있었다. 어색한 첫 만남을 깨어주는 낯선 둘째 딸의 어색한 웃음이 있었다. 부녀의 이야기는 별로 드러난 것이 없었으나 우연히 찾아온 것 치고는 누군가에 의해 잘 준비된 각본이 되었다. 원래 그 자리였던 것처럼.

새롭지만 낯선 도전 앞에서 무언가를 결정해야 할 때, 이래저래 묻고 고민하면서 좀처럼 답을 찾지 못하는 경우가 많다. 시간을 더 많이 허비할수록 후회를 줄일 수 있을 것이라는 단순 산술을 기대하면서 말이다. 그러나 많은 경우 고민을 멈추고, 눈앞에 펼쳐진 것들을 쉽게 인정하고 받아들일 때 생각보다 꽤 괜찮은 결과를 접하게 된다. 물론 모든 것을 '문득, 우연'으로 결정해 버릴 수 없겠지만, 더 이상 선택의 여지가 없어 빠져나갈 구멍이 없었던 여인에게는 떠난 남편의 이유를 찾으려는 시도마저도 불필요한 시간의 사치였을지도 모른다. 언젠가 이런 상황이 나를 피해 가리라는 보장이 없다. 막다른 골목 앞에서 눈에 띄는 마지막 선택 하나가 내 인생에 '다행'이라는 답을 줄 수 있기만을 '문득' 기대해 본다.

여인의 배경을 얼마나 알고 있었을까? 그녀의 앞에 보이는 어두운 모습보다 뒤에 끌려오는 알 수 없는 상처들을 받아들일 수 있게 했던 것이 무엇이었을까? 다른 것들은 고사하고라도, 자신의 피붙이를 피(?)가 섞이지 않은 낯선 여인에게 맡기고 '엄마'라 부르게 허용할 수 있었던 것은 무엇이었을까? 고기잡이 외에 먹거리가 없을 듯한 곳에서 요리라는 기술은 그를 안정되고 돋보이게 하기에 충분했다. 그 뒤의 것들에 눈멀게 할 만큼 그에게도 드러나지 않은 두려움과 불안함이 있었던 것일까? 몸이 불편한 아버지, 전처의 흔적으로 남겨진 딸아이를 맡아 주는 것만으로도 그에게 충분한 가치가 있었던 것일까?

  서로의 배경과 현재의 상황은 달랐지만, 패인 마음의 구멍은 같았으리라, 미래와 가족에 대한 막연한 갈급함도 같았으리라. 운명이란 것을 믿지도 기대하지도 않았지만 어떤 잘 짜맞춰진 블록을 찾아가고자 하는 본능이 이들을 '우연'과 '다행'으로 이끌었으리라.

삼성인의 생각 독서 5
'고통의 순간이 있어야 값진 결과가 존재한다'

박칼린의 '그냥', 정여울의 '공부할 권리',
정미선의 '집 나간 마음을 찾습니다.'를 읽고 _주정자

"선생님, 저 이거 안 돼요."

"정말 연습했니? 어떻게 연습했니? 진지하게? 매일? 얼마만큼? 딱 100번만 해보고 안되면 그때 다시 와… 그리고 진짜 진지하게 해주었으면 좋겠어."

매번 연습할 때마다 온 정신과 신경을 집중해서, 정말이지 그것을 사랑하여서 그 1분 짜리 한 번의 연습에 모든 것을 쏟아 붓는다면, 100번을 하는데 1주일이 걸릴지 2주일이 걸릴지, 아니면 1년이라는 거대한 시간이 걸릴지는 아무도 모를 일이다.

― 박칼린의 '그냥' 중에서 ―

　시간과 노력을 들여 진지하게 연습하는 일. 그 연습 대상이 무엇이든 그 꾸준한 성실함 앞에서는 당해 낼 장사가 없다. 실패하고 넘어지고, 다시 연습하고 또 실패하고 그런 반복 없이는 앞으로 나아갈 수 없는 것들이 있다. 자전거를 새로 배울 때, 영어공부를 할 때, 운동을 시작할 때도 거쳐야 하는 시행착오가 있다. 지루하고 재미없는 과정이 분명히 있다. 그 과정을 참아내야 비로소 내 것이 된다. 짠내 나는 땀을 한 바가지는 쏟아내야 하고 더러 눈물도 쌓인다. 그런 것들이 보람으로 이어질 때 진짜 내 것이 된다. 그 힘을 한번이라도 경험한 사람은 즐겁게 새로운 도전을 시작한다. 그 반복의 힘을 믿기 때문이다.

　몇 년 전, 회사에서 새로운 업무를 할당 받은 적이 있다. 신규 시스템을 개발하던 원 개발자가 없는 상태에서 그 시스템을 운영하는 일이 내게 떨어졌다. 게다가 개발 인력으로 인도 개발자를 붙여줬다. 영어도 서툴고 시스템도 익숙하지 않은 내겐 혹독한 시간이었다. 아침마다 빈 노트를 준비해서 인도 개발자와 그림을 그려가며 소통하고, 문제가 생기면 함께 고민하고 어설프게 결정하고 얼렁뚱땅 해결하는 식이었다. 책임감이 투철한 내가 그 일을 해내기까지 정말 힘든 시간이었다. 주변 사람을 많이 괴롭혔다. 조언도 많이 구하고. 그 당시 '책임감'은 '용기'의 다른 말이었다. 상대에게 먼저 다가가는 법이 없는 나를 움직이게 했으니까. 그 업무를 1년 가까이 했고 지금은 잘 사용하지 않는 옛날 시스템이 되었다. 그러나 예전에도 지금도 그 시스템만큼은 어느 누구보다 잘 안다고 자부한다.

고민하고 헤맸던 고통의 순간이 있었기에 값진 결과가 존재한다. 그 후로 성실함의 힘을 굳게 믿는다. 또 하나 좋은 점은 노력이 큰 만큼 보람의 크기도 크다는 것이다.

'땀과 노력은 배신하지 않는다.', '땀과 노력은 거짓말하지 않는다.'

이 얼마나 공정하고 아름다운 말인가.

100일간의 글쓰기 프로젝트가 시작되었다. 100일 뒤의 긍정적이고 변화된 모습을 상상하며 설레는 마음으로 지루한 시간을 버텨내야겠다.

> 외로움은 혼자 있을 때 느끼는 슬픔이지만, 고독은 수많은 사람들과 함께 있어도 느낄 수 있는 '혼자 있음'의 자각입니다.
>
> — 정여울의 '공부할 권리' 중에서 —

사랑하는 가족이 있고 친한 친구가 있지만, 가끔 혼자라고 느낄 때가 있다. '나' 이외에는 모두 '남'이라고 간주한다면 자신의 삶은 혼자 감내해야 하는 과정이자 경험이다.

회의가 늦게 끝나거나 일 때문에 식사시간을 놓쳐 혼자 밥을 먹어야 할 때가 있다. 사람들 시선이 어색해서 끼니를 거르기도 했다. '왕따인가?', '외로워 보인다' 등 타인의 연민이 깃든 의혹의 눈초리가 불편했었다. 어느 날은 배고픈 게 참아지지 않았다. 너무 허기져 혼자 밥을 먹었다. 처음을 겪고 나니 두 번째는 좀 더 나아졌고, 혼자서도 씩씩하게 먹기 시작했다. 혼자 밥을 먹는 것이 죄를 짓는 건 아니지 않은가? 물론 한적한 구석자리를 차지하고 조용히 먹고 일어선다. 처음엔 밥을 혼자 먹을 수 있으면 비로소 어른이 되는 거라고 스스로를 설득했다. 그러다 '왜 남을 신경 쓰고 있지?', '저들도 이 순간만 지나면 잊어버릴 텐데' 하는 생각에 머물렀다. 남의 시선을 너무 의식하고 사는 게 아닌가 하는 의구심이 들었고, 그런 시선에서 자유로울 필요가 있겠구나 하는 생각을 했다. 겉으로 보여지는 체면을 지키기보다 꼬르륵거리는 뱃속을 채우는 게 더 현명하다고 생각했다.

앞으로도 체면 때문에 원하는 걸 포기하기보다 부끄러움을 조금 견디더라도 하고 싶은 건 하면서 살고 싶다. 인생이 각자의 길을 홀로 걷는 거라면 내 행복을 위해 조금은 이기적이어도 되지 않을까? 내 삶의 주인공은 나다. 내 인생을, 내가 하고 싶은 걸 하고 사는 건 당연한 권리고 의무이기도 할 테니까. 상대가 어려운 부탁을 해올 때, 나의 많은 수고와 희생을 감수해야 한다면 깨끗하게 거절하는 것도 상대를 위한 일일지 모른다. 상대에 따라선, 내 수고와 희생은 기꺼이 기쁜 일이 될 수도 있다. 그런 기꺼운 행복을 제외하고, 타인을 배려하기 위해 내 행복을 대체하지는 말자.

퇴근 길 버스 안.
내 나이 또래의 여자가 잔뜩 흥분한 채 통화를 하고 있었다.
그녀를 열 받게 한 건 다름 아닌 그녀의 엄마였는데
버스가 떠나가라 소리를 질러댔다.
"그러니까, 왜 그랬냐고? 그게 말이 돼?
아, 됐어! 짜증나, 끊어!"
어쩌면 평상시의 나일지도 모를 그녀 모습에

내내 마음이 불편했다.

– 정민선의 '집 나간 마음을 찾습니다' 중에서 –

　상대가 나를 사랑한다는 이유로, 편하다는 이유로 타인에게 얼마나 많은 상처를 주고 있는가.
　그 타인은 내 가까이에 있는 부모, 형제자매, 배우자, 자녀로 불린다. 나의 맨 얼굴을 아는 사람들은 나를 사랑해주고 내가 사랑하는 사람들이다.
　그들은 내 편이라는 생각이 있고, 어떤 상황에서건 나를 이해해 줄 거라는 믿음이 있다. 편하게 응석을 부려도, 짜증을 내도 우리 사이는 변함없을 거라는 믿음은 상대에게 함부로 해도 된다고 착각하게 만든다.
　회사동료에겐 헤픈 웃음도 가족에겐 인색하고, 영양가 없는 대화에도 끄덕끄덕 공감하고 쉽게 맞장구치던 동의도 가족에겐 '쓸데없는 소리'라는 핀잔이 돌아간다.
　참 이상하다. 회사 동료나 사회에서 만난 인연과는 기껏해야 수년이다. 가족과는 평생을 함께 해야 하는데 뭔가 잘못돼도 한참 잘못되었다. 우리 머릿속에 소중한 것에 대한 기준이 잘못 돼 있는 게 아닐까?
　사람은 대체로 집 밖으로 나서면서 가면을 하나씩 준비한다. 가면 뒤에 숨겨진 민낯은 가까운 이가 아니면 알 수 없다. 집에서라도, 가까운 가족에게라도 계산 안 하고 연기하지 않고 생얼을 드러내야 숨이 쉬어진다. 가까운 이가 아니라면 언제 가면을 벗을 수 있을까? 답답한 가면을 벗는 시간이 숨통이 트이는 순간이고 휴식을 취하는 시간이 아닐까?

잉꼬부부로 소문난 '션 · 정혜영' 부부는 아무리 봐도 인간적이지 않다. 진짜 부부싸움을 한 번도 안 했을까? 서로에게 짜증이나 싫은 소리를 정말 한 번도 안 했을까 의심이 간다. 보여주기 위해 만들어진 설정인지 실제로 그러한지 궁금하다. 한편으로 진실인지의 여부도 궁금하지만, 사랑하는 사람끼리는 그 사랑을 유지하기 위해 서로 노력해야 하는 부분이 있다. 그 노력은 사랑의 유효기간에서 멀어질수록 좀 더 많은 인내와 정성을 요구한다.

타인의 우연한 행동에서 종종 내 모습을 발견한다. 눈살 찌푸리며 '나는 저 정도는 아니다.' 안도하기도 하고, 반면교사로 삼아 내 오류를 고치려는 노력을 한다.

가까운 이에게 상처를 덜 주기 위해 노력해야 하는 일과 내 감정의 피로를 해소하는 일과의 간극을 좁히기 위한 노하우가 필요하다.

두 마리 토끼를 잡는 비결은 뭘까, 누가 답을 해줄 수 있을까?

삼성인의 생각 독서 6
완전학습으로 교육의 미래를 열자

살만 칸의 '나는 공짜로 공부한다'를 읽고 _이선정

"이거 굉장하군요."

살만 칸의 '나는 공짜로 공부한다'에서 빌게이츠가 이 책의 저자인 살만 칸으로부터 칸 아카데미가 무엇을 할 수 있으며, 어떻게 할 것인지 설명을 마쳤을 때 내뱉은 말이었다.

그 뒤로 빌게이츠는 칸 아카데미에 650만 달러를 후원하였다. 구글도 '세상을 바꿀 다섯 가지 아이디어' 중 하나로 칸 아카데미를 선정하여 200만 달러를 후원하였다.

무료로 학습할 수 있는 동영상을 올려놓은 칸 아카데미에서 빌게이츠나 구글이 바라본 것은 어떤 가능성이었을까? 이 동영상 더미들이 어떻게 세상을 바꿀 수 있을 것이라고 생각한 것일까?

무료 동영상을 통해 정규교육을 받을 수 없는 사람들에게 배움의 기회를 열어준다는 측면만으로도 물론 충분히 훌륭한 일이다. 그러나 빌게이츠가 굉장하다고 말한 것은 과연 그런 측면만을 의미하는 것일까?

칸 아카데미의 시작은 우연이었다. MIT를 졸업하고 헤지펀드 분석가로 일하던 저자는 멀리 떨어져 사는 조카의 수학공부를 도와주기 위해 동영상을 제작하기 시작했고, 그 중 일부를 유튜브에 올려놓게 된다.

그 후 세계 곳곳에서 그 동영상을 보고 공부를 하고 있다며 고맙다는 메일을 받게 되고, 그에 힘입어 더 많은 동영상을 제작하다가 결국에는 직장까지 그만두고 이 일에 전념하게 된다.

구글과 빌게이츠의 후원에 힘입어 칸 아카데미의 동영상은 4,000개를 넘어서 계속 제작되고 있으며, 여러 언어로 번역이 진행되고 있다.

이 책은 저자가 칸 아카데미를 시작하게 된 배경과 진행되어온 과정을 이야기한다. 하지만, 궁극적으로는 현재의 교육모델에 대해 근본적인 질문을 던지며, 그가 만들어 놓은 "학습용 무료 동영상"이 어떻게 교육의 패러다임을 바꾸는 데 기여할 수 있을지 그 가능성에 대해 이야기한다.

원래의 책 제목보다 더 마음에 드는 것은 뒤표지의 카피 '다시 상상해 본 우리의 교육'이다.

교육에 대해 다시 상상하기 위해 우선 현재의 교육시스템에 대한 질문부터 던져봐야 한다.

현재 대부분의 나라에서 진행되고 있는 초중고를 합해 12년이라는 교육체계는 언제, 어떤 의도로 만들어졌을까?

시험은 학생들의 무엇을 평가할 수 있으며, 평가하지 못하는 것은 무엇일까? 방학은 왜 시작되었으며, 맞벌이 부부가 훨씬 많은 현재의 상황에서도 방학은 꼭 필요할까?

수업 시간이 대부분 50분간 진행되는 것은 어떤 근거에 의해서 시작된 것인가?

숙제는 많을수록 좋은 것일까?

같은 또래들을 한 학년에 몰아넣고 한 명의 선생님이 가르치는 것은 과연 적절한 방법일까?

놀라운 사실은 현재의 교육시스템은 18세기 프러시아에서 시작되었다고 한다. 그들의 공교육은 독립적으로 생각할 줄 아는 사람을 키우기 위해서가 아니라, 부모나 교사, 그리고 왕의 권위에 굴복하며, 충성스럽고 다루기 쉬운 시민들을 대량으로 배출하기 위해 도입되었다는 것이다.

수업시간이라는 개념도 '끝없는 개입을 통해 배움에 대한 자발성이 약해지도록' 하기 위해 도입됐다.

통합적인 사고를 방해하기 위해 과목을 여러 개로 나누어 주로 파편적인 지식들만을 전달하려 했으며, 토론은 금지되었다.

여기, 우리가 걱정하는 현재 교육의 문제점들이 그대로 드러나 있다. 지금 우리 아이들이 받고 있는 학교 교육은 좋지 않은 의도로 시작되었기 때문이다.

그렇다면, 이 책의 저자가 상상하는 교육은 어떤 것일까? 그 속에서 교육 동영상들은 어떤 역할을 할 수 있을까? 그리고, 그가 지향하는 교육의 참된 모습은 어떤 것일까?

우선 칸 아카데미에서 지향하는 중요한 교육상의 원칙이 있다면, 그것은 '완전학습'을 추구한다는 것이다.

완전학습이란 학생들이 좀 더 어려운 과제로 옮겨가기 전에 주어진 과제를 충분히 습득해야 한다는 것을 말한다.

현재의 교육시스템에서는 학생들의 이해도가 서로 달라도 뭔가를 배우기 위해 할당된 시간은 고정되어 있으며, 선생님에 의해 한번 설명된 내용은 학생들이 다 이해하고 있다고 간주된다.

학생들이 실제로 배운 내용을 제대로 이해했는지 그렇지 않은지는 그다지 중요하지 않다. 또한 주어진 학습 진도를 나간 후엔 그저 시험 성적에 따라 학생들을 분류할 뿐이다.

이러한 상황을 저자가 TED 강연에서 말한 것처럼 두발 자전거 타는 법으로 설명해보자.

두발 자전거 타는 법을 배우는 아이들이 있다고 할 때, 자연스럽게 빨리 배우는 아이들과 제대로 중심도 못 잡고 헤매는 아이들이 있을 것이다.

그러나, 모두에게 주어진 시간은 같다. 일정한 시간이 지나면 모두가 함께 다음 외발자전거 타는 법으로 넘어간다.

아이들마다 배우는 시간이 다르다는 것과, 두발 자전거를 완전히 마스터 해야 외발 자전거 타기를 배울 수 있다는 사실은 학습에서 일어나는 일과 똑같다. 기초적인 개념 정리가 되지 않은 상태에서 더 상위의 개념을 제대로 이해한다는 것은 거의 불가능하다.

그런데, 위의 자전거 타기를 배우는 과정의 예가 매우 불합리하다는 것은 모두가 쉽게 느끼지만, 우리나라의 교육이 그렇게 불합리하게 진행되고 있다는 사실은 쉽게 지적되지 않고 있다. 물론, 여러 가지 여건으로 인해 어쩔 수 없다는 대답이 나올 수 있다. 그러나, 이제 기술의 발전이 이러한 문제를 충분히 해결할 수 있는 시대가 되었음에도 왜 교육은 여전히 제자리걸음인 걸까?

완전학습이란 커리큘럼을 시간이 아니라 이해와 성취의 목표 수준에 따라 조직하는 것이다. 고정되어야 할 것은 높은 수준의 이해이며, 서로 달라져야 할 것은 학생들이 개념을 완전히 이해하는 데 걸리는 시간의 양이다.

그러면 칸 아카데미의 동영상들을 이용해서 어떻게 완전 학습을 추구할 수 있을까?

동영상들이 어떤 방식으로 교육의 체질을 바꿀 수 있을까?

가장 손쉬운 변화는 기본적인 개념에 대한 설명은 수업시간에 선생님에게 듣는 대신 숙제로 무료 동영상을 통해 접한다.

대신 수업시간은 학생들이 동영상을 들으며 생긴 질문을 나누고 토론하는 시간으로 바꿀 수 있다. 동영상을 이용하면 학생들은 실제 선생님보다 훨씬 탁월한 교사의 수업을 접할 수 있다는 이점이 있다. 또한 제대로 이해하지 못한 내용은 언제라도 다시 들을 수 있다.

그럼 선생님의 역할은 무엇일까? 선생님은 여러 반을 돌아다니며 동일한 내용을 설명해야 하는 수고에서 벗어나, 아이들에게 더 집중할 수 있다.

아이들의 질문에 답해 주며, 아이들이 어떤 동영상을 얼마동안 보았는지, 그리고 그 후에 이어지는 일련의 문제들을 제대로 풀어냈는지의 여부를 체크하고, 중요한 내용에 대해 아이들이 서로 토론하도록 이끌 수 있다.

이 간단한 변화만으로도 수업시간의 모습이 많이 바뀔 수 있을 것 같다.

40~50분 동안 길게 이어지는 수업시간 동안 집중하지 못하고 혼자만의 세계로 여행을 떠나던 아이들이 자신만의 속도로 공부하고, 시험을 잘 보기 위한 공부에서 벗어나 새로운 것을 알아가는 기쁨과 환희를 느끼며 공부하는 것이 가능하지 않을까?

우리나라의 교육을 염려하는 목소리들이 많다. 그런데, 그나마 우리보다 훨씬 나으리라고 생각하는 미국에서도 공교육에 대한 불신의 목소리는 만만치 않은 듯하다. 하지만, 이렇게 자신의 삶을 바쳐 교육의 체질을 바꾸기 위해 노력하는 사람들이 있다는 것, 그리고 이의 중요성을 알아보고 기꺼이 후원을 자처하는 기업, 기업인들이 있다는 사실이 고무적이다. 과연, 미국의 교육은 머지않아 역사적인 변화의 변곡점을 맞을 수 있을까?

몇 년 전에 미국 동부에 우리의 경쟁사가 세워지자, 꽤 많은 동료들이 그 회사로 옮겨갔다. 그들이 회사를 옮긴 가장 큰 이유는 아이들 교육 때문이었다. 굳이 기러기 아빠가 되지 않아도, 아이들 교육 때문에 회사를 옮기지 않아도, 우리 주변에 믿고 맡길 수 있는 좋은 교육 시설이 있다면 얼마나 좋을까. 우리 기업들도 교육의 변화에 대해 좀 더 적극적으로 나설 수는 없는 것일까?

책을 읽는 동안, 교육의 새로운 변화 가능성에 흥분했지만, 막상 책을 다 읽고 나니 답답함이 남는다. 언제쯤 이러한 변화들이 이 땅에서 실현 가능해질까.

커가는 아이를 생각하면 조바심이 나는데, 막상 내 힘으로 할 수 있는 일은 별로 없다는 사실이 안타깝다.

Epilogue

새벽 5시 10분.

아침에 2시간 일찍 일어나 자기가 이루고 싶은 꿈을 실천하는 〈행복한 책〉의 새벽 기상 모임 〈단군〉 회원들이 새벽을 깨운다. 이 모임은 SNS을 통해 새벽 기상을 알리고 개인의 목표를 향해 상호 동기부여를 하며 실천하는 모임이다. 바쁜 직장생활 속에서 하루 2시간만큼은 자기의 꿈을 위해 달려가자는 취지로, 〈행복한 책〉 회원들이 주축이 되어 단군을 운영하고 있다. 단군은 고 구본형 작가의 〈익숙함과의 결별〉이라는 책에 나오는 '하루를 22시간으로, 2시간은 자기만을 위한 시간을 살아라' 라는 모토를 실행하고 있다.

더불어, 〈행복한 책〉 소모임에는 〈책고집〉이 있다. 〈책고집〉은 〈행복한 책〉의 독서와 글쓰기 멘토인 최준영 작가로부터 글쓰기 피드백을 받으며, 100일간 반복적으로 글쓰기 역량을 향상시키는 모임이다. 최준영 작가의 〈책고집〉이라는 책 제목을 모임명으로 그대로 따랐다.

〈행복한 책〉 그리고 〈행복한 책〉의 소모임, 〈단군〉, 〈책고집〉과 같은 다양한 모임이 없었으면 새벽에 일어나 글을 쓰는 일은 없었을 것이고, 이 책 또한 빛을 보지 못했을 것이다. 〈행복한 책〉이라는 모임은 나 자신의 꿈을 이룰 수 있도록 해주었다. 성장할 수 있는 환경을 만들어줬고 그 환경 속에서 나를 새롭게 만들어 주었다. 이 책은 나를 발견한 변화의 산물이고 나 자신을 대상으로 실험한 최초의 결과물이다. 또한 경험한 지식과 노하우를 콘텐츠로 담은 시제품이기도 하다.

 책 한권 쓰는 것이 뭐 그리 대단한 것이냐고 반문할 수도 있겠지만, 책을 쓰는 과정 속에서 지속적으로 배울 수 있었고, 인내하는 자기 수련의 장을 경험했으며, 나의 재능이 무엇인지 재발견하고 미래의 모습을 생생하게 그릴 수 있었다. 지면이 충분치 않아 〈행복한 책〉 사례를 다양하게 싣지 못한 것이 아쉽지만 내 인생의 소중한 꿈 하나를 성취하여 더할 나위 없이 기쁘다. 독자들이 이 글을 읽고 있을 때 나는 기쁨의 눈물을 흘리고 있을지도 모르겠다.

 돌이켜 보면 〈행복한 책〉은 직장에서 단순히 책만 읽고 토론하는 모임이 아니었다. 부서 간 소통의 벽을 허물기도 하고, 독서를 통해 지식을 습득하고, 업무와 관련된 문제 해결 역량을 높이기도 했다. 다양하고 창의적인 사고로 책을 비평하기도 하고, 미래 지향적인 통찰을 나누기도

Epilogue

했다. 서로의 문제에 대해 사람이 '책'이 되어 '답'을 제시해 주었다. 어찌 보면 책이 답이 아니라, 책을 읽고 좋아하는 사람, '사람 책'이 '답'인 것이다.

더욱이, 북테인먼트(BookTainment, Book+Entertainment의 합성어) 개념으로 다양한 활동과 이벤트를 접목하여 재미있게 즐겼던 것이 〈행복한 책〉 모임을 7년간 지속시켜 온 힘이었다고 생각한다.

당신이 어떤 직장의 그 누구라도 상관없다. 마음 맞는 사람과 '삼삼오오' 독서 모임을 만들어 보는 것이 어떤가? 여러분이 무엇인가를 이루고 싶다면 목표를 세우고 바로 실행으로 옮겨 보자. 먼저, 목표를 함께하는 모임을 만들고, 그 안에서 사람들과 소통하며 목표를 단계적으로 이루어 나가면 된다. 나를 지속적으로 제어하는 독서 모임은 궁극적으로 나를 성장시킨다.

앞으로 직장에서의 독서 문화가 더 많이 확산되어, 보다 많은 사람들이 책의 즐거움을 느끼고, 독서를 통해 개인의 성장 목표를 이루며 지금보다 더 만족하는 직장 생활을 누리기를 희망한다. 회사에서는 독서 경영을 통해, 회사의 비전을 달성하고 직원들의 창의적인 아이디어가 발현되어 개인과 조직이 함께 성장하는 책 중심의 소통 문화가 확산되길 바란다.

  이 책이 미약하게나마 독서 경영의 본보기가 되어, 직장의 독서 모임을 새롭게 결성하는 계기가 되었으면 좋겠다. 독서 경영을 토대로 성장을 희망하는 리더, 직장인 모임이 있다면 나의 경험을 나누며 돕고 싶다.

  나의 첫 책이 세상에 나와 빛을 본다니, 첫아이를 처음으로 마주했을 때와 같은 기쁨이다. 하지만 졸필로 인해 많이 부끄럽다. 이 책은 혼자만의 힘으로 이루어지지 않았다. 모든 분들이 귀중한 씨앗을 뿌려 주었다.

  〈행복한 책〉이 성장하도록 격려와 칭찬을 아끼지 않고 후원해 주셨던 원기찬 삼성카드 사장님(전 삼성전자 인사팀장), 〈익숙함과의 결별〉이라는 책을 추천하시며 회원들의 심금을 울리셨던 전동수 사장님, 〈행복한 책〉 독서 토론에서 통찰과 메시지를 전해 주시며 봉사 활동 후원을 아끼지 않으셨던 어길수 부사장님(전 SW센터 부센터장), 〈행복한 책〉이 동호회 발전과 기업문화 조성에 기여한다며 공

Epilogue

로패로 격려해 주셨던 수원지원센터장 송봉섭 상무님, 권장 도서를 통해 일하는 태도와 방향을 제시해 주시는 창의개발센터장 이재일 상무님, 독서활동과 연계한 봉사 활동이 독서경영의 본보기가 된다며 아낌없이 격려해 주시는 국민독서문화진흥회 김을호 교수님, 전국기업독서동아리연합회 발족에 힘써 주신 한국출판문화산업진흥원 이재호 원장님(전)과 이기성 원장님(현), 초대연합회장 현대모비스 고동록 이사님, 책 쓰기 수련을 적극적으로 지원해 주셨던 〈내 인생의 첫 책쓰기〉의 오병곤 작가님, 〈행복한 책〉을 아낌없이 사랑해 주시는 글쓰기 멘토 최준영 작가님, 롤 모델이 되어 주신 〈글쓰기 훈련소〉의 임정섭 작가님, 〈생산적인 책읽기〉의 안상헌 작가님, 〈독서 습관〉의 안계환 작가님, 그리고 〈행복한 책〉의 소중한 콘텐츠를 이렇게 멋진 책으로 발간해 주신 타래출판사의 모든 분들께 감사의 인사를 전한다.

주말마다 책 쓴다고 책상에 앉아 있는 아빠의 뒷모습을 물끄러미 바라보던 우진이와 하운이, 그리고 아내에게 고맙고 미안한 마음을 전하며, '배우고 나눠라'는 말씀으로 인생에 큰 가르침을 주신 어머니께 깊은 감사를 드린다. "어머니! 항상 건강하세요."

끝으로, 우리가 함께 성장할 수 있도록 서로를 응원하고 격려해 주었던 이 책의 빛나는 주인공들, 〈행복한 책〉 회원 모두에게 감사하다는 말을 전한다.

이 책을 679명의 〈행복한 책〉 회원들에게 바친다.